말氣 꽃이 그리웁다

말言 꽃이 그리윱다

송란교 지음

말의 철학적 사유와 성찰로 빚어낸
행복의 완결판

도서출판 천우

● 작가의 말 ●

예쁜 말 예쁜 미소는 사회적 공공재다

　어떤 마을을 찾아가다 보면 마을 입구에 그 마을을 상징하는 조형물과 홍보하는 문구가 새겨진 푯말을 자주 보게 된다. 역사가 오래된 마을일수록 그 입구에는 '천하대장군 지하여장군'이라는 문구가 새겨진 수호신 기둥이 세워져 있는 경우가 많다. 사람들은 그 수호신이 자신과 마을을 안전하게 잘 지켜 주리라 굳게 믿는다. 마을 사람들이 그런 마음으로 수호신을 세우고 그런 믿음으로 수호신을 바라보기 때문에 마을에 평화가 유지되고 안전이 지켜지고 있다고 믿는 것이다. 이런 상징물이나 수호신 등은 마을공동체를 위해 준비된 사회적 공공재라 할 수 있다. 그 기둥에 예쁜 말, 예쁜 미소가 새겨지면 좋겠다는 생각을 해본다.
　예쁜 말 예쁜 미소는 사회적 공공재라 할 수 있을까? 왕비의 햇살 같은 예쁜 미소를 졸졸 흘리고 다니면 주변이 환해진다. 노랑나비들이 줄을 잇는다. 기분이 좋아 다시 한번 돌아보게 된다. 쓰레기 같은 말을 흘리고 다니면 주변이 온통 쓰레기 더미만 쌓이게 된다. 똥파리들이 모여 군무群舞를 춘다. 그 쓰레기를 치우려는 생각보다 신속하게 그 자리를 벗어나고자 한다.

예쁜 말을 하고 다니면 주변 사람들이 편안한 마음으로 모인다. 마음이 편안하니 표정도 환하다. 보름달을 안고 있는 것처럼 여유롭다. 나쁜 말 저질스러운 말을 흘리고 다니면 듣는 사람들은 마음이 불편하다고 모두 떠난다. 그런 말을 듣는 순간 얼굴이 찡그려진다. 찌그러진 양푼 냄비 옆구리처럼 볼품이 없다.

다른 사람들에게 알게 모르게 선한 영향을 미치고 있는 예쁜 말이나 예쁜 미소는 다르다. 절망을 희망으로 악마를 천사로 만들 수 있는 예쁜 말은 주워 담을 필요가 전혀 없다. 이런 것들이야말로 우리 사회에 꼭 필요한 사회적 공공재가 아닌가? 지친 영혼의 편한 쉼터가 되어 주는 것은 바로 예쁜 미소다. '공공의 선善'이라고 하면 더 어울리는 말이 아닐까?

이웃 사람들에게 선한 복을 나누어 줄 수 있는 예쁜 말 예쁜 미소를 널리 흘리고 다닐수록 우리 사회는 더 환해진다. 지나다니는 사람들의 얼굴에 미소가 피어나면 거리도 밝아진다. 그래서 예쁜 말 예쁜 미소는 밝은 사회를 만들기 위해 꼭 필요한 것이다.

공공재公共財란 모든 사람이 공동으로 이용할 수 있는 재화 또는 서비스를 말한다. 시장의 가격 원리가 적용되지 않고 그 대가를 지급하지 않고도 재화나 서비스를 이용할 수 있는 비배제성을 지니고 있다. 일반적인 재화나 서비스는 사람들이 이것을 소비하면 다른 사람이 소비할 기회를 줄여 서로 간의 경합 관계에 놓이게 되지만 공공재는 소비를 위해 서로 경합할 필요가 없는 비경쟁성도 가지고 있다.

비용을 부담하지 않는 사람도 공공재의 이익을 누릴 수 있으므로, 이른바 '공짜 승객free rider'의 문제가 생길 수도 있다. 그러나 예쁜 말 예쁜 미소는 모든 사람에게 공짜다. 시효도 품절도 없다. 사람들이 원하는 대로 필요한 대로 나눌 수 있다. 베풀려는 선한 마음을 서로 경쟁하듯 나누면 되는 것이다.

승자와 패자가 따로 있을 수 없다. 더 많이 베풀었는가의 문제일 뿐, 오직 기쁨만이 존재한다. 그러니 경쟁을 하지만 기분이 좋을 수밖에 없다. 나무가 아무리 크더라도 한 그루만으로 온 천지를 뒤덮을 수 없다. 하지만 예쁜 말 예쁜 미소는 한 조각의 불빛으로도 온 누리를 밝고 환하게 밝힐 수 있다.

사람은 혼자서는 살 수 없고 필연적으로 다른 사람과 교류하며 살아가야 한다. 그러므로 다른 사람을 만날 때마다 예쁜 말 예쁜 미소는 끊임없이 오병이어의 기적을 일으킬 수 있게 된다.

두 살배기 어린아이가 싱글벙글 웃고 있는 사진을 보면서 자신의 얼굴을 찍어 보고, 화난 사람처럼 잔뜩 찡그린 표정을 짓고 있는 다 큰 어른들의 사진을 보면서 찍어 보자. 그리고 그 사진을 비교해 보자. 같은 내 얼굴인데 무슨 차이가 있겠느냐 하지만 분명 큰 차이가 있다. 웃는 모습을 보면 저절로 웃게 되고 찡그린 표정을 보면 나도 몰래 찡그리게 되어 있다. 믿지 못하겠거든 지금 즉시 실험해 보자.

마음속에서 어떤 생각을 떠올릴 때마다 우리 얼굴에는 아주 미세하지만 분명하게 그에 대한 반응이 나타난다. 예쁜 생각에는 예쁜 미소가, 아름다운 상상에는 행복한 표정이 드러난다. 어느 작가는 '아름다운 성품은 어떤 평범한 얼굴이라도 아름다운 광채로 빛나게 만들 수 있다'고 말했다.

　또한, 시인 헨리는 '내 운명의 주인은 나다. 나는 내 영혼을 지배한다'고 말했다. 그렇다. 내 마음을 지배할 수 있는 내 운명의 주인은 바로 나다. 내가 어떤 말을 하느냐에 따라, 어떤 상상을 하느냐에 따라 미래의 내 모습은 달라진다. 생각하는 대로, 말한 대로 내 인생은 바뀌게 된다.

　사람들이 모이면 말이 많아진다. 말이 많으면 신경 쓸 일도 많아진다. 말을 많이 하면 배가 고프다. 말을 많이 들어도 배가 고픈 건 매한가지이다. 듣고 싶지 않은 불편한 말을 듣게 되면 신경이 곤두서고, 그 말은 곧 사람을 피곤하게 한다. 생각보다 더 많은 에너지를 사용하게 한다.

　배고픈 것으로 끝나면 좋은데, 나쁘게 들리는 말은 나쁜 생각을 자극하고 그 생각은 나쁜 감정을 유발한다. 그래서 마음을 더 쓰게 만든다. 그러니 다른 사람이 듣고 싶어 하는 예쁜 말을 자주 해야 한다. 예쁜 말로 타인의 얼굴에 예쁜 미소를 피어나게 한다면, 그 미소에 자신은 물론 다른 사람들도 쉬어 가려 할 것이다.

　말이란 우리 마음속에 심어 놓은 축복의 씨앗이다. 우리는 이 축복의 씨앗을 적극적으로 잘 관리할 책임이 있다. 자신의 '마음 밭'을 잘 가꾸어서 한 톨이라도 수확하고 싶다면 예쁜 말을 많이 해야 한다. 저절로 이루어지는 것은 없다. 내가 하는 말로 나를 이루어 가는 것이 나의 인생이 되는 것이다.

　저는 『예쁜 말 예쁜 미소 예쁜 인생』이란 책에서 오병이어의 기적을 이룰 수 있는 것으로 '따뜻한 말 한마디', '해맑은 미소', '아낌없는 사랑', '범사에 감사', '다름의 인정', '숨은 배려', '재능 기부 봉사' 등을 강조했었다. 이것들은 '나'보다는 다른 사람을 위해 사용할 때 더욱 큰 가치를 발휘한다. 사용하면 사용할수록, 나누면 나눌수록, 베풀면 베풀수록 줄지 않고 계속 늘어나는 것이니 오병이어의 기적을 이룰 수 있는 것이라고 주장했었다. 예쁜 말 예쁜 미소는 나를 포함한 다른 모든 사람에게 행복 호르몬을 분비시키고 면역 강화제를 나누어 준다. '예쁜 말 예쁜 미소로 세상을 환하게 이웃을 편하게'라는 문구가 온 세상을 향해 널리 외쳐지면 좋겠다.

다른 사람들이 나를 만나고 난 후 '만나고 싶지 않은 사람', '사귀고 싶지 않은 사람' 1순위에 올려놓으면 기분 좋을 리 없다. "저 나이 먹도록 말을 그렇게밖에 못하냐."라는 소릴 듣고 싶지 않거든 예쁜 말 예쁜 미소를 자주 흘려야 한다. 그러면 다른 사람들이 줄을 설 것이다. 돈지갑 열어서 다른 사람의 마음을 사는 것보다야 훨씬 낫지 않겠는가.

사랑의 기억은 돌에 새기듯 마음속에 영원히 간직하자. 신세를 지거든 기름종이에 치부책置簿冊 정리하듯 꼼꼼하게 기록하자. 미움의 기억은 바람 타고 떠나가는 구름에 맡기고, 깨끗이 잊어버리자. 예쁜 말 예쁜 미소가 다른 사람에게 큰 사랑으로 기억된다면, 우리 사회는 더 따뜻해질 것이고, 웃음이 넘치는 세상이 될 것이고, 우리 모두 행복하다고 느끼게 될 것이다.

둥근 귓불에는 아름다운 귀걸이가 매달리고 붉은 입술에는 아름다운 말 꽃이 피어나길….

그리움이 아지랑이 올라타고 넘실거릴 때
지란지교 **송 란 교**

01:
말들이 주는
놀라운 '축복'

작가의 말 예쁜 말 예쁜 미소는 사회적 공공재다

감사의 말로 하루를 시작하자 ••• 17

따뜻한 말에 마음이 머물다 ••• 20

말을 예쁘게 할 수 있다는 것은 축복이다 ••• 26

예쁜 말, 어색해서 못할까 인색해서 안 할까? ••• 32

예쁜 말로 세상을 환하게 이웃을 편하게 ••• 35

예쁜 말은 잇고 나쁜 말은 잊자 ••• 40

칭찬도 연습이 필요하다 ••• 43

긍정의 말꼬리 잇기 ••• 49

복 있는 말이 복을 부른다 ••• 55

그 자리에 꼭 있어야 할 사람 ••• 61

02:
예쁜 말글 '씨'를 찾아서

꿈을 아끼고 공유하자 ••• 67

만나면 맛나다 ••• 70

말글에 향기를 입히다 ••• 73

맛있는 말 ••• 79

상대를 빛나는 별로 만들어라 ••• 82

이렇게 또 하나의 봄을 새긴다 ••• 85

핸드폰 속에 갇힌 봄을 캐내자 ••• 88

흔한 것이 귀하다 ••• 91

나도 한번 해 볼까? 예쁜 말! 예쁜 미소! ••• 94

너의 재능, 아끼면 '똥' 된다 ••• 100

내 탓 네 덕 ••• 103

03: 말의 '힘'을 키우다

각자도생과 공존동생을 생각하다 ••• 111
나를 귀하게 만드는 말 ••• 114
더부살이와 모듬살이 ••• 120
반감과 질투는 부르지 않아도 달려온다 ••• 124
상대의 감정에 거울을 비춰라 ••• 127
승부욕勝負慾, 즐길 수 있을까? ••• 130
'아니' 하면 어떻게 들리는가? ••• 133
익숙함을 버릴 배짱은 있는가? ••• 136
左삼右주, 공평사회를 꿈꾼다 ••• 139
직진만이 정답이라고? ••• 142
쪼갤까 붙일까? ••• 145
불.욕.난.장 不欲難將? ••• 148
반찬 골라 먹듯, 말도 맛있게… ••• 151
말은 힘이 세다 ••• 154

04: 말ᆯ '꽃'이 풍년 들다

꽃 등에 올라타고서 ··· 161

내 생각이 짧았어 ··· 164

맛보면 못 참지 ··· 167

명당을 찾는 사람, 명당을 만드는 사람 ··· 170

사랑이 머물다 간 자리 ··· 173

시詩가 되는 아름다운 삶이여 ··· 177

엄마의 마음을 닮아 가는 큰누이 ··· 180

오늘은 '남 일', 내일은 '내 일' ··· 184

컨테이너에서 피어난 야생화 ··· 187

한로寒露가 상강霜降을 건널 때 ··· 190

오늘은 내가 제일 행복한 사람이야! ··· 193

너부터 행복했으면 좋겠다! ··· 196

05: '해어화解語花'를 만나다

같은 말도 예쁘게! ••• 201

마음을 넓게 쓰면 세상이 넓어진다 ••• 204

몇 년이 지났는지 알 수 없지만 ••• 207

자신을 행복한 거울로 만들어라 ••• 211

해어화解語花 한 송이로 아침을 열다 ••• 214

행복은 나눌수록 넉넉해지고 ••• 217

행복하기 위해 웃는 너, 그래서 더 예쁘다 ••• 220

너, 나, 우리가 다정한 이웃으로 사는 법 ••• 223

나는 '명품이다'라고 외쳐라 ••• 226

내 처지를 알까? ••• 229

해설 말의 철학적 사유와 성찰로 빚어낸
행복의 완결판 / 정유지 ••• 232

01:
말씀이 주는
놀라운 '축복'

감사의 말로 하루를 시작하자

　아침에 눈을 뜨면 살아 있음에 '감사합니다.'를 외치고, 저녁에 잠자리에 들 땐 잘 살았음에 '감사합니다.'를 외치자. 밥에 김을 말아 먹을까, 김에 밥을 말아 먹을까? 고민하지 말고 맛있는 김밥을 맛있게 잘 먹었다고 생각을 바꾸어 보자.
　가을밭에 자라고 있는 무를 보면서 세상일이 절반 정도만 궁금해서 머리를 절반만 땅 밖으로 내밀고 있는가? 아니면 길쭉한 몸통을 홀라당 모두 보여 주려니 부끄러워서 흙 치마를 칭칭 감고 있는가? 이렇게 멍때리는 생각을 하면서도 그 무를 바라볼 수 있음에 감사해 보자. 가을무는 어떻게 요리를 해도 참 맛있고 달다.
　어쨌든 맛있게 잘 보낸 하루에 감사를 외치다 보면 감사할 일이 쌓일 것이다. 이런 감사의 외침이야말로 행복한 잠을 부르고 아름다운 아침을 예비하는 것이라 믿는다.
　긍정적 사고가 성공을 이끈다. 류태영 전 건국대학교 교수는 『나는 긍정을 선택한다』라는 책에서 '부정적으로 생각을 하는 사람은 길이 막히면 그대로 주저앉아 포기해 버리지만, 긍정적으로 생각하는 사람은 길을 잃고 벽에 부딪치더라도 다시 방향을 바로잡아 힘차게 달려 나간다.'고 했다.

'짚신 장수와 우산 장수'의 일화도 있다. "한 어머니에게 큰아들은 짚신을, 작은아들은 우산을 파는 두 아들이 있었다. 이 어머니는 비 오는 날에는 짚신 장수 아들을, 해가 쨍쨍한 날에는 우산 장수 아들을 걱정했다. 이래도 걱정, 저래도 걱정, 매일 밤낮으로 걱정뿐이었다.

그러던 어느 날 그녀는 기적을 일으키듯 생각을 바꾸었다. 맑은 날에는 짚신을 파는 아들 생각으로 미소 짓고, 비가 내리면 우산을 파는 아들을 떠올리며 함박웃음을 지었다. 이래도 기쁘고 저래도 기쁘니 해가 뜨나 비가 오나 늘 편안하고 행복한 날만 계속되었다"는 것이다.

근심 걱정이 행복으로 바뀌는 것은 '생각 바꿈'에서 시작된 것이다. 세상의 근심 걱정을 모두 짊어진 사람처럼 날마다 근심 걱정을 품고 사는 사람은 근심 걱정을 철저히 가불假拂하여 쓰는 사람이다. 그렇게 근심 걱정을 앞세우면 근심 걱정이 어찌 떠날 수 있겠는가?

목표를 세우면 목표가 자신을 이끈다. 그러니 목표를 당당하게 말해 보자. 말은 자신뿐만 아니라 다른 사람에게도 영향을 미친다. 말은 생각에 힘을 실어 준다. 이런 사실을 모르는 사람은 드물다. 그러나 그 목표를 밖으로 들어내는 것이 쑥스럽고 어려울 뿐이다. 말을 하는 것이 생각을 바꾸는 시작점이 된다. 누구를 만나든지 감사를 외치겠다는 목표를 세워 보자.

하루 한 가지씩 감사해야 할 이유를 찾으면 얼마든지 찾아낼 수 있을 것이다. 최근 지인에게 들었던 이야기 일부를 옮겨 봅니다.

"나는 자타가 공인하는 건강한 사람이었다. 매년 검사하는 건강검진에서도 아무 이상이 없다는 통보를 받았다. 그런데 조금만 먹어도 배가 부른 느낌이 들어 가까운 병원에서 정밀검사를 받았다. 그 병원에서는 지체하면 큰일 난다고 서둘러 큰 병원으로 가보라고 했다. 화들짝 놀랐다. 갑작스럽게 병원에 입원했다. 어른 주먹보다 더 큰 혹이 있는데 암인 듯하니 수술부터 해야 한다고 했다. 당장 무슨 큰일이라도 날 것처럼 겁을 주는 의사가 얄밉기 그지없었다. 선택의 여지가 없으니 급하게 수술할 날을 잡았다. 이때부터 온 세상이 지옥으로 변했다. 얼마나 더 살 수 있을까? 왜 나한테 이런 일이 생긴 걸까? 이런 우울한 생각과 불안한 마음이 수술하는 그날까지 가슴을 졸이게 했다. 눈물을 흘리면서 신변 정리도 조금씩 했다. 내가 이러려고 밤낮없이 힘들게 고생고생하며 살아왔는가 하는 후회가 밀려들었다. 세상이 미워지려고 했다. 정리되지 않는 생각들이 손에 잡히지 않았다. 점점 자포자기가 되었다. 적어도 수술하기 전까지는 그랬다. 그러면서도 별일 아니겠지, 하는 희망을 꿈꾸기도 했다. 마음을 조금씩 내려놓으니 숨을 쉴 수 있었다. 6시간 넘게 수술하면서 여러 가지를 검사한 결과, 암이 아니라는 판정을 받았다. 그 순간 저절로 '감사합니다'라는 단어가 튀어나왔다. 죽음을 걱정했던 시간이 너무 아까웠다. 그래서 그날 이후로는 하고 싶은 일에 도전해 보고, 살아 있음에 감사하고, 사소한 것일지라도 볼 수 있고 느낄 수 있고 만질 수 있음에 감사하며 살아야겠다고 다짐했다."라고.

   지인은 웃으면서 이야기를 해 주었습니다. 또한, 그 사람은 '잠시 쉬어 가는 인생을 허락해 주어서 감사합니다.'라고 외쳤습니다. 바뀐 것은 오직 세상을 긍정적으로 바라보겠다는 생각뿐입니다. 우리도 '감사합니다'를 외칠 수 있을 때 '감사합니다.'를 외쳐 보면 좋겠습니다.

따뜻한 말에 마음이 머물다

    말이 마음이 되고 마음이 곧 말이 된다. 따뜻한 말은 따뜻한 생각, 따뜻한 마음이다. 마음의 알갱이가 자라서 입을 통하여 밖으로 나오면 말이 된다. 손을 통하여 밖으로 나오면 글이 된다. 바른 마음은 바른 말, 예쁜 마음은 예쁜 말의 기본이 됨은 물론이다.
    불쑥불쑥 튀어나오는 말도 마음의 밭에서 자라난 것이다. 말의 씨를 마음 밭에 뿌려 놓으면 저절로 예쁘게 자라는 것이 아니다. 자연 방목이나 자유방임한다고 내버려두면 제멋대로 뒤죽박죽되어 쓸모없는 검불이나 쭉정이 신세가 되어 버릴 수도 있다. 정성을 들이고 관리를 하면 버릴 것이 하나 없는 토실토실한 알곡이 될 것이다.
    해야 할 말 필요한 말은 꼭 하고, 해서는 안 되는 말, 필요 없는 말은 절대 안 하는 사람이 말을 잘하는 사람이다. 정성 들여 태아를 교육하고 행동거지를 반듯하게 하는 엄마의 마음으로 마음속 알갱이들이 예쁘게 잘 자라도록 하면 언제 어디서나 실수 없이 바른말을 잘할 수 있다.

마음의 알갱이들이 무지개 색깔을 지니고 있으면 다른 사람들이 금방 눈치를 챘다. 몇 마디의 말을 채 나누기도 전에 그 사람의 말에서 예쁜 향기가 나기 때문이다. 그 사람이 숨기려 해도 어쩔 수 없이 흘러나오는 향기는 감출 수 없다. 낭중지추囊中之錐처럼 삐져나오는 매력을 어찌 호주머니 속에 숨길 수 있겠는가?

세상에서 노력 없이 저절로 이루어지는 것은 극히 드물다. 어떤 목표를 이룬다는 것은 자신이 피땀 흘려 노력하거나 다른 사람이 도와주었을 때 가능한 일이다. 다른 사람의 도움도 내 곁으로 사람이 모여야 가능하다. 따뜻한 말을 한다면 많은 사람이 모여들 것이다. 그들이 다 가오면서 성공의 운도 함께 불러올 것이다.

바쁜 마음으로 다음 일정을 위해 서둘러 가다가도 맛있는 냄새가 코를 자극하면 잠시라도 내 눈이 그곳을 바라보게 된다. 웃음소리가 들리면 짧은 순간이라도 내 귀가 그 소리를 들으려 한다. 눈을 뜨게 하고 귀를 열게 하는 것은 따뜻한 말, 고운 말, 예쁜 말이다.

퇴근길 허기를 유혹하는 고기 굽는 냄새에는 자신도 모르게 침이 솟는다. 그렇게 맛있는 말은 어디에 있을까? '가는 말 고운 말, 오는 말 예쁜 말', '마음이 머물고 싶은 말'을 찾아보자. 밤새 이슬을 머금고 그리운 임 기다리다 아침 햇살에 얼굴 붉히며 떨어지는 오색 코스모스꽃처럼 고운 마음을 찾아보자.

예쁘지 않은 꽃이 어디 있으랴만, 아무리 예쁜 꽃이라도 꺾어 놓으면 시든다. 예쁜 말 미운 말이 어디 따로 있겠는가만, 말은 내뱉으면 씨가 된다. 주인의 관심을 받지 못한 꽃은 버려진다. 그러나 주인을 떠난 말은 무성하게 더 잘 자란다. 다른 사람들이 합심하여 키우기 때문이다. 정성껏 키운 딸아이 시집보내는 부모의 마음, 부정 타지 않도록 빌고 또 비는 그런 마음으로 예쁜 말을 내뱉어야 한다. 그러면 엄마의 마음을 닮은 향기로운 말이 나온다.

　인정머리라고는 눈곱만큼도 없는 뱀같이 차가운 사람을 우리는 냉혈한冷血漢이라 부른다. 꽁꽁 언 얼음덩어리를 깎아 만든 것처럼 아름다운 조각 얼굴, 사람들은 그 얼굴이 예쁘긴 한데 아름답다고 말하지는 않는다. 날카로운 유리 조각처럼 따뜻한 피가 흐르지 않는 사람, 그 사람에게서 사람 냄새가 난다고 말하지 않는다.

　차가운 사람이 다가오면 숲속에서 갑자기 독사毒蛇를 만난 것처럼 머리카락이 확 일어선다. 그래서 그 자리를 서둘러 피하려 한다. 가까이하기에는 부담스럽다. 따뜻한 아랫목에 앉혀 놓으면 모난 부분이 녹아내릴까? 날카로움이 무디고 둥글어지면 함께 어울리기가 편해진다.

　내 몸속에 따뜻한 피가 흐르고 있어야 다른 사람의 차가움을 녹일 수 있다. 화가 나면 피가 끓어오른다. 천불이 나면 온도가 급하게 올라간다. 그러면 펄펄 끓는 뜨거운 피라고 말할 수 있지만 그렇다고 그 사람이 따뜻한 마음을 지녔다고 말할 수는 없다. 들끓는 피는 모난 부분만 녹이는 것이 아니라 모든 것을 태워 버린다.

　그러므로 뜨거운 피가 아닌 적당히 따뜻한 피가 필요하다. 암을 일으키는 세포는 낮은 온도를 좋아한다고 한다. 따뜻한 말로 따뜻한 피를 돌게 하여 몸을 따뜻하게 유지하면 건강한 육체를 보존할 수 있을 것이다.

　차가운 밥은 먹을 수 있으나 차가운 말은 참기 어렵다. 듣고 있기에 힘든 비수 같은 말, 꽈배기처럼 비비 비꼬는 말, 가시 돋친 말은 깊은 상처를 입히고 심한 스트레스를 일으킨다. 듣는 사람의 피를 부글부글 끓게 한다.

　끓는 물은 너무 뜨거워서 못 마시고 얼음물은 너무 차가워서 안 마신다. 거칠고 차가운 말을 내지르고 또박또박 말대꾸하며 대드는 말썽

꾸러기 어린애들도 다루기 힘든데 다 큰 어른들을 어떻게 다독일까? 예쁜 말 고운 말 따뜻한 말 긍정의 말로 토닥여 보자.

말이 달면 지나가는 바람도 쉬어 간다. 말이 따뜻하면 추위에 떠는 손님도 머물다 간다. 말에 단맛이 나면 맛있는 반찬에 젓가락이 먼저 가듯 귀가 먼저 쫑긋한다. 멀리서도 소문 듣고 수많은 사람이 찾아온다. 맛있는 반찬 골라 먹듯 말도 멋있게 해 보자.

정성이 들어가면 말도 더 맛깔나다. 다른 사람의 귀를 즐겁게 하면 나의 귀도 즐겁다. 너와 나의 마음과 마음이 통하면 말에 난향蘭香이 흐를 것이다. 이인동심기리단금 동심지언기취여란二人同心其利斷金 同心之言其臭如蘭(두 사람이 마음을 합하면 그 예리함이 쇠라도 끊을 수 있고, 마음을 합한 사람끼리의 말은 그 향기로움이 마치 난초와 같다)라 했다.

텅 빈 지갑 속에 남몰래 용돈을 넣어 주는 그런 사람은 뜨거운 마음을 지녔을 것이다. 별들이 모두 숨어 버린 어두운 골목에서 반짝이는 마음의 별로 주변을 환하게 밝히는 사람, 갑자기 소낙비가 내리면 연잎처럼 그 빗물을 모두 막아 주는 사람, 따따따 막말을 퍼부어 대도 스펀지처럼 모두 품어 주는 사람, 요즘에는 그런 사람이 귀하다.

인정, 배려, 대접, 칭찬은 다른 사람에게서 가장 받고 싶은 것들이다. 받고 싶어서 받으면 기분이 좋지만 되려 베푼 사람에게 빚을 지게 된다. 빚을 지면 삶이 무겁다. 신세를 졌다면 갚아야 할 의무가 생긴다. 빚이나 신세의 많고 적음은 중요한 것이 아니다. 아무리 작은 빚이나 신세도 무조건 갚아야 한다는 사실이다.

반면, 빚을 내주면 마음이 가볍다. 다른 사람을 위해 인정, 배려, 대접, 칭찬을 해 주는 것도 그 사람에게 빚을 지우는 것이다. 말빚도 빚이다. 나의 빚을 진 사람이 많으면 그만큼 마음이 부자로 산다. 그 사람이 빚을 갚든 안 갚든 내가 짊어지고 가는 짐은 가볍다.

인정은 하되 다름을 배우자. 배려는 하되 비굴하지 말자. 대접은 하되 소문을 내지 말자. 칭찬은 하되 가시는 빼자. 장미꽃에는 가시가 있어야 아름답다고 주장하지 말자. 들어도 들어도 미소가 떠오를 감동. 먹어도 먹어도 또 먹고 싶은 초유의 맛, 엄마의 손맛을 넣자. 그러면 상대는 나의 말에 단내가 난다고 느낄 것이다.

웃자고 하는 말도 소재를 무엇으로 삼는가에 따라 참가자 모두가 웃을 수 있고 일부 사람은 찡그릴 수 있고 어떤 사람은 분노를 일으킬 수 있다. 참가자 모두 웃음거리의 불편한 당사자가 될 수 있기 때문이다. 모두가 웃을 수 있는 배려가 있어야 한다.

말 속에 무엇을 넣는가에 따라 말의 맛이 달라진다. 비싼 것을 넣으면 비싼 말이 되고 싼 것을 넣으면 싼 말이 된다. 희망을 말하면 희망가, 절망을 노래하면 절망가가 된다. 듣는 귀가 귀하게 들으면 귀해지는 것이고 싸구려로 들으면 싸구려가 되지 않겠는가?

케이크 속에 다이아몬드를 넣어 전해 준다면 상대는 사랑을 먹을 것이고, 돌덩이를 넣으면 부서진 이를 먹을 것이다. 송편 속에는 단팥, 볶은 깨, 밤, 꿀물 등이 들어있다. 입맛에 따라 취향에 따라 골라 먹을 수 있음이다.

무엇이 들어있는지는 만든 사람만이 알 수 있다. 다른 사람은 그것을 먹어 보아야 알 수 있다. 맛있고 맛없고, 내 입맛에 맞고 안 맞고는 먹어 보아야 알 수 있다. 그러니 먹어 보지 않고도 속에 들어있는 내용물이 무엇인지 알 수 있게 조그마한 빈틈을 보여주면 좋겠다.

어떤 맛에 내 손이 자주 가는지, 어떤 말에 내 마음이 자주 머무는지 돌이켜보자. 한마디 말로 천 냥 빚을 갚을 수도 있지만 한평생 친구의 우정에 금이 가게 하고 닭살 부부를 불구대천不俱戴天의 원수로 만들 수도 있다.

'하지만' → '그런데' / '이렇게 해.' → '이렇게 해 줄래?' / '하지 마.' → '어떻게 할래?' / '안 돼.' → '다음에 해 보자.' / '어쩔 수 없어.' → '이렇게 하면 될 것 같다.' / '문제 없지?' → '잘 되지?' / '이렇게 하면 안 됩니다.' → '이렇게 하면 됩니다.' / '안 되면 어떡하지?' → '이번엔 꼭 성공할 거야.' 등으로 바꾸어 표현해 보자.

 선택지가 긍정이어야 긍정의 답이 나온다. 다른 사람이 살짝 미안함을 느끼게 해 준다면 미안한 마음의 빚을 갚기 위해 내 곁에 오래 머물 것이다. 씨암탉이 방금 낳은 알은 따끈따끈하다. 엄마의 품에서 나온 말도 따뜻하다. 갓 구워낸 따끈따끈한 빵 냄새는 참 맛있다. 천 번의 절보다 따뜻한 말 한마디가 힘이 더 세다. 그러니 따뜻한 말에는 마음이 머물 수밖에 없다. 시선이 따라올 수밖에 없다.

말을 예쁘게 할 수 있다는 것은 축복이다

　말은 축복을 나누는 도구이지 악담을 나누는 도구가 아닙니다. 말은 행복을 저축하는 데 사용해야지 불행을 부르는 데 사용하면 안 됩니다. 예쁜 말 예쁜 미소로 다른 사람에게 축복을 선물할 수 있는 당신은 위대한 사람입니다. 예쁜 말 예쁜 미소는 선물이고 축복이고 행복입니다. 다른 사람을 위해 축복하는 마음을 나누면 행복이 쌓이게 됩니다. 축복이 넘치면 행복은 저절로 따라옵니다. 축복의 말은 더 많이 나누고 악담의 말은 더 줄여 간다면, 우리는 참 좋은 이웃이 될 것입니다.
　'축복'은 라틴어로 '베네딕투레benedicture'라고 합니다. '베네'는 '좋다'는 말이고 '딕투레'는 '말하기'라는 뜻입니다. 즉 좋은 일을 널리 알리고 서로 확인한다는 의미입니다. 축복이라는 단어는 듣기만 해도 기분이 좋고 마음이 평온해집니다. 축복의 말을 듣는 사람은 정서적으로도 안정감을 느끼며 자존감도 높아집니다.
　말을 하지 못하는 꽃도 예쁘다고 말해주면 더 예쁘게 피어납니다.

반려동물도 예쁘다 예쁘다 하면 더 예쁜 짓을 합니다. 하물며 함께 일하고 함께 생활하는 다른 사람에게 축복의 말을 건네준다면 그 사람으로부터 더 많은 행복을 보상받지 않겠습니까?

사랑하는 말, 기쁨을 주는 말, 화평하게 하는 말, 자비로운 말, 아름다운 말, 따듯한 말, 힘을 실어 주는 말, 격려의 말, 살아있는 긍정의 말은 자주 할수록 복덕(福德)이 커질 것입니다. 그래야 다가오는 나의 운도 더 좋아질 것입니다.

감사를 외칠 수 있는 사람은 행복한 사람입니다. 자신의 꿈을 말할 수 있는 사람은 축복받은 사람입니다. 다른 사람의 행복을 빌어주고 격려하고 웃게 해 주는 사람은 행복을 나누어 줄 수 있는 참 능력자입니다.

입을 열고 말을 할 수 있다는 것은 크나큰 권세를 가진 것과 같습니다. 그러니 언제 어디서나 감사하다고 외쳐야 할 것입니다. 망각의 망토를 뒤집어쓴 채 감사라는 말을 잊고 사는 사람들에게 가장 먼저 하고 싶은 말은 아침에 눈을 뜨자마자 '감사합니다'를 외쳐보라는 것입니다. 그렇게 외칠 수 있다는 것은 자신이 살아 있다는 것이며, 행복해질 수 있다는 것이고 축복을 나눌 수 있는 능력이 있다는 표현입니다.

축복의 말에는 위로의 말, 격려의 말, 칭찬의 말과 용서의 말이 함께합니다. 저주의 말에는 욕설의 말, 나쁜 말을 해대고 다니는 악담과 비난의 말이 따라붙습니다. 다른 사람에게 은혜가 있는 말을 해야만 복덕이 쌓입니다.

'After you(당신 먼저)'와 'Thank you(감사합니다)'는 다른 사람을 생각하고 배려하는 말입니다. 이런 말을 할 줄 아는 사람은 우리가 함께 살아가는 공동체를 아름답게 만드는 착한 이웃입니다.

말수가 적은 조용한 사람일지라도 자신이 좀 아는 주제가 나오면 입이 근질거려 참지 못하고 말을 합니다. 그런데 말을 하긴 했는데 찜찜할 때가 있습니다. 해야 할 말을 다 하지 못해서 '내가 왜 그랬지?' 하며 후회하기도 합니다.

말을 한다는 것은 나의 말을 상대방에게 건네주는 것입니다. 내 몸 안에 담고 있는 생각들을 밖으로 내보내는 것이기에 내보낸 만큼 새로운 공간이 생깁니다. 이때 새로 생긴 그 공간에 상대방의 말로 채우면 됩니다. 내가 한 말을 상대방이 맛있게 받아 주면 주는 사람과 받는 사람 모두 기분이 좋아집니다.

필요한 말을 필요한 만큼만 하면 서로 기분이 좋습니다. 소통을 잘하는 사람은 상대방이 원하고, 상대방이 소화할 수 있을 정도의 말만 합니다. 말을 잘 들어 준다는 것은 상대방의 마음을 비우게 하는 것입니다. 그래서 내가 하는 말을 상대방이 받아들일 수 있게 공간을 만들어 주는 것입니다.

그러니 먼저 상대방의 말을 잘 들으면 그 말속에서 상대가 원하는 수많은 해답을 찾아낼 수 있습니다. 장구 속은 비어 있어야 울림을 줄 수 있습니다. 위胃가 비어야 맛있는 음식을 먹을 수 있는 것과 같은 원리라 생각합니다.

1960년대 말 컴퓨터 공학, 인공지능 관련 교수인 요제프 바이첸바움Joseph Weizenbaum은 의사들이 환자와 대화하는 것을 보고 '엘리자Eliza'라는 상담 치료 로봇 같은 간단한 대화 프로그램을 만들었습니다. 그 역할은 단지 환자들의 말에 맞장구를 쳐주거나 계속 말을 걸어 주는 게 전부였습니다. 텍스트만으로 주고받는 대화가 고작이었지만, 환자들은 눈물까지 흘리며 교감을 나눴다고 합니다.

몸과 마음이 지친 환자들에게는 그저 교감을 해 주는 것만으로도 감동했다고 합니다. 이런 사실을 토대로 하여 요제프 바이첸바움 교수는 '사람은 아주 단순한 맞장구라도 교감을 나눌 수 있다면 상당한 반응을 한다. 그리고 교감은 따뜻한 감성이 배어 있는 축복과 배려라는 인간의 고유한 감정이다'라고 주장했습니다.

연말연시가 되면 축하하고 축하받는 일이 많아집니다. 축하하는 자리는 일부러라도 많이 찾으면 좋습니다. 그런 자리에서는 진정으로 축하해 주는 사람이 되어야 합니다. 왜냐면 그렇게 정성을 들여야만 축복으로 되돌아오기 때문입니다. 축하란 좋은 일입니다. '축하'는 '축복'이라고도 할 수 있습니다. 그러므로 '축하하는 사람'이 곧 '축복받는 사람'이 됩니다.

마음이 아름답지 못하면 결코 다른 사람들을 위해 진정으로 축복해 주지 못합니다. 사랑이 없어도 그렇고 관심이 없어도 그렇습니다. 그러면 되돌아오는 복덕도 크지 않습니다. '당신의 말이 행복을 만듭니다'. 축복의 말은 축복을, 저주의 말은 저주를 부릅니다. '축복을 만드는 말'은 'You are Bless Maker!'라고 외치는 것에서 시작합니다.

말은 듣는 사람의 귀가 아니라 가슴으로 들어갑니다. 그래서 어떤 말들은 가슴을 찌르고 마음에 상처를 입히기도 합니다. 당신은 말 한마디로 손해를 보는 사람인가요, 인정받는 사람인가요?

'말 좀 제발 이쁘게 하지 그래요!', '내가 뭘 어쨌다고 그래요?' 이 정도 수준에서 멈추면 다행입니다. '지랄염병으로 처자빠질 놈', '오살할 놈', '육시랄 놈'이라 하면서 저주를 담고 있는 욕설을 내뱉습니다. '저런 벼락 맞을 놈', '호랑이가 물어갈 놈', '넌 절대 뛰어난 인물이 될 수 없어.', '넌 가망 없는 애야.', '넌 누구를 닮아 그렇게 멍청하고 둔해.', '넌 구제 불능이야.', '그런 행동을 하다니 너 미쳤니?', '이 형편없는 자식', '나가 디져라(죽어라).' 등등.

화가 나면 뒷일은 생각할 겨를도 없이 퍼부어 대고 봅니다. 욕이 담고 있는 저주의 뜻을 전혀 인식하지 못한 채 습관적으로 욕을 해댑니다. 화가 머리끝까지 치솟았는데 뭐 뵈는 게 있겠어? 그냥 확 내지르면 장땡이지 하고 퍼부어 댑니다.

그 순간만큼은 세상을 다 가진 듯 가슴이 뻥 뚫리지만 돌아서면 숨이 꽉 막히고, 조금만 참을걸 하면서 얼굴이 붉어지도록 후회하게 됩니다. 입을 틀어막는 시늉을 해 봐야 소용이 없습니다.

저주의 욕설은 상대가 가져가지 않으면 내뱉은 자신에게 되돌아오는 고약한 쓰레기일 뿐입니다. 명심해야 할 것은 사람이 하는 말은 힘을 지니고 있다는 사실입니다.

선의의 말이든, 악의를 품은 말이든 내뱉어진 말은 힘을 지니고 있습니다. '너는 네가 한 말에 말려들고 네가 한 말에 붙잡힌 것이다'(잠언 6:2). 라는 성경 말씀도 있습니다. 말은 다른 사람을 살리거나 죽이는 힘을 지니고 있기에 누군가의 삶에 대해 예언하듯 말하면 실제로 그런 일이 발생합니다.

그래서 심리학자들조차 '자기 충족 예언'이라고 말하기도 합니다. 그러므로 상대를 비난하거나 부정적으로 말할 때는 특히 조심해야 합니다.

존경합니다. 성공하십시오. 축하합니다. 건강하세요. 부자 되십시오. 행복하세요. 고맙습니다. 감사합니다. 사랑합니다. 잘될 겁니다. 미안합니다. 덕분입니다. 등등.

인생에 도움이 되는 아름다운 말은 의외로 소박한 것입니다. 이런 말들은 너무 흔하듯 보이지만 진심을 담는다면 가슴을 울리게 합니다. 정성을 담은 축복의 말은 공감과 감동을 불러옵니다.

말하는 사람은 덕담이라 생각하는데 듣는 사람은 상처를 받는 경우가 있습니다. 이는 상대가 넉넉한 마음으로 받아들일 준비가 덜 되었거나, 내가 진심이 아닌 건성으로 말했기 때문일 수도 있습니다. 정성을 들여 다른 사람의 말을 잘 들어 주고 축복의 말로 행복을 저축합시다. '오늘은 반드시 해결될 것이다.', 'God bless you.', 이런 축복의 말들을 들으면 기분이 어떤가요?

 마지막 순간까지 최선을 다해 축복을 나누면 좋겠습니다. 예쁜 말 예쁜 미소는 축복의 원천입니다.

예쁜 말, 어색해서 못할까 인색해서 안 할까?

　요즘 사람들에게 예쁜 말 예쁜 미소가 모두에게 좋다는 것과 이 사회를 위해 널리 보급해야 한다고 강조하다 보니, 사람들이 예쁜 말 고운 말을 잘 못 하는 이유가 궁금해서 '왜 안 하는지' 묻곤 했었다.
　글쎄요, 게을러서, 어색해서, 쑥스러워서, 낯간지러워서, 오해를 받을까 봐서, 왠지 손해 본 느낌이 들어서, 남들이 나를 얕잡아 볼까 봐서, 왜 내가 먼저 해야 하나요 등의 대답을 들을 수 있었다.
　이런 분들에게 꿈을 이룰 수 있는 말, 지금보다 훨씬 더 잘 살게 해 주는 말, 팔자를 바꾸어 줄 수 있는 말이 있다면 어떻게 하고 싶냐 물으니, 그런 말이 있으면 지금 즉시 해야지 왜 꾸물거리겠나, 남들보다 내가 먼저 해야 하는 것 아냐? 그러면서 혼자 독차지하고 싶어 그 말을 빨리 가르쳐 달라고 달려들었다.
　예쁜 말이 좋다고 팔자를 고칠 수 있는 말이 있다고 하면 어색해서 못 하겠다고 하면서도 서로 먼저 하려고 하는 근본적인 이유가 뭘까요?

예쁜 말 고운 말을 머리로는 해야지 하지만 몸으로는 해 보질 않아서 어색하고, 익숙하지 않아서 실제로 잘 못한다. 예쁜 말이 팔자를 고칠 수 있는 말임을 진정 모른다는 것일까요?

해 보면 알 수 있는데, 믿지 않고 의심을 하면서 손쉽게 할 수 있는 것조차도 안 한다. 갑자기 하려 하니 무척 어색해서 더더욱 못하게 된다. 해 보지 않아서 어색하고, 못하게 되고, 그래서 못하는 것을 당연하다고 인식하게 된 것이다.

뇌는 습관이 된 감정을 더 확대하고 강화시키는 습성이 있으며, 사람들이 좋아하는 것보다 익숙해진 것을 더 선호한다고 한다. 결국 안 하는 것이 습관이 되고 익숙해져 버린 것이다. 그래서 갈수록 칭찬하는 말을 어색해하고, 미소 짓는 것을 불편해하는 것 같다.

말을 앞세우고 따라가는 것이 우리의 인생이다. 예쁜 말 고운 말을 앞세우면 우리의 인생이 예뻐지고 예쁜 인생을 살 수 있다. '말이 주는 축복', '말이 이끄는 행복'을 굳이 외면하고 멀리하려 하지 말자. 예쁜 말을 못 하는 것이 아니고 할 마음이 없어 안 하는 것이 아닌가요?

향기로운 꽃에는 벌과 나비가 모여든다. 아름다운 꽃에는 그들이 좋아하는 그 무언가가 있다. 우리들이 존경하고 닮고 싶은 사람에게서는 단내가 난다. 말에 단내가 나고 생각에 향기가 묻어 있는데 누가 그 사람을 싫어하고 누가 그 사람을 멀리하려 하겠는가. 그 사람을 가까이 하고, 그 사람의 말과 행동, 생각을 모방하고 따라서 해 보면, 자신이 존경했던 그 사람을 닮아 간다.

뇌에는 거울 뉴런이라고 하는 것이 있어서, 다른 사람이 하는 것을 보면 자신도 그렇게 하고 있는 것처럼 느끼게 되고, 그런 것들이 뇌에 영향을 미쳐 그 사람을 닮아 가게 한다. 생면부지의 남녀가 만나서 결혼하고 오랫동안 함께 살아온 부부를 보면, 부부의 얼굴은 물론 말투,

행동들도 닮아 있다. 이처럼 서로 가까이에서 보고 느끼면 닮아 간다.

좋은 말 예쁜 말 고운 말도 자주 듣다 보면 그것이 뇌에 영향을 미쳐 감나무 끝에 매달린 빨간 홍시처럼, 어두운 밤을 환하게 비춰 주는 보름달처럼, 누구에게나 호감 받는, 누구에게나 사랑받는 사람이 될 수 있다. 몰라서 못하는 것이 아니고 안 해 봐서 못한다면 지금 즉시 해 보자.

나는 도저히 할 수 없다고 생각해서 포기한 그 일을 그 누군가가 해낸다면 참 당황스럽다. 결국 생각이 바뀌면 인생이 바뀌는 것이고, 관점을 바꾸면 해결책을 찾아낼 수 있다는 사실이다. 내가 대접받고 싶으면 남들을 그만큼 대접해 주면 된다. 인정받고 싶고, 칭찬받고 싶고, 관심받고 싶거든 그들을 인정하고 칭찬하고 그들에게 관심을 가지면 된다.

말은 배운 대로 하는 것이 아니라 몸에 밴 대로 한다. '저 나이 먹도록 말을 저렇게밖에 못 할까, 나잇값도 못하냐?'라는 말을 듣고 싶지 않다면 예쁜 말 예쁜 미소가 몸에 배도록 부단한 연습을 해 보자.

예쁜 말은 꽃이 되고 고운 말은 향기가 된다. 인색해서 안 하는 사람, 어색해서 못하는 사람은 되지 말자. 모두 의지의 문제다.

예쁜 말로 세상을 환하게 이웃을 편하게

온통 어수선한 세상에 꿈과 희망, 온정이 넘치게 하는 방법은 없을까? 혹시 예쁜 말이라면 이 차가운 세상을 좀 더 따뜻하게 안아 줄 수 있을까? 말 한마디 바꾸어서 우리 모두 행복할 수 있다면 지금 당장 말 보시를 베풀어 보면 어떨까?

누군가가 나에게 귓속말로 묻는다.

오늘 하루 몇 마디의 말을 하였습니까?
누군가에게 꿈과 희망을 나누어 주었습니까?
누군가에게 웃음과 미소를 지어 주었습니까?
누군가에게 사랑과 그리움을 안겨 주었습니까?

그들에게 사랑을 주었노라 당당하고 멋지게 대답할 수 있으면 좋겠습니다.

말씀 언言이라는 한자는 두亠+심心+구口를 합쳐 놓은 것이다. 마음 속에 품고 있는 생각들이 머리라는 필터를 통하고 입이라는 수단을 통하여 바깥세상으로 나오면서 의미를 지닌 말과 글이 됩니다. 즉 마음이라는 알갱이들이 입을 통해 밖으로 드러나는 것을 말이라 할 수 있다.

존 어베블리는 "말을 하는 것은 혀가 아니라 두뇌의 운동이라야 한다."고 주장하기도 했습니다.

정성 성誠이라는 한자를 더 살펴보면,

말씀 언言+이룰 성成을 합쳐 놓은 것입니다. 이는 말을 정성스럽게 하면 말한 대로 이루어진다는 뜻일 겁니다. 말에 정성을 담으면 정말 말한 대로 이루어질까요? 간절한 정성을 담아 말을 하면 자신이 말한 대로 이루어집니다. 왜냐하면 말은 씨가 되기 때문입니다.

끊임없이 다른 사람들과 경쟁을 하며 살아가야 하는 것이 우리네 인생입니다. 이런 경쟁 속에서 낙오하고 꼴찌를 하면 즐겁지 않습니다. 순위를 매기고 상금이 걸린 시합에서 지거나 탈락하면 정말 속상합니다. 회사나 조직도 마찬가지입니다.

조직을 이끌면서 성과는 꼴찌를 달리고 불평불만은 차고 넘치고 친절 서비스는 거꾸로 1등만 한다면 어찌해야 할까요? 그 조직의 리더는 그 조직을 포기하고 떠나거나 아니면 새롭게 탈바꿈을 시키든지 양자택일을 해야 할 것입니다. 이런 조직을 이끌었던 저의 경험을 소개해 봅니다.

저는 떠날 때 떠나더라도 이 조직이 왜 꼴찌를 하는지 그 원인이 궁금했습니다. 그래서 직원들 간에 하는 말버릇과 행동, 고객을 대하는 태도 등을 우선 살펴보았습니다. 그리고 문제점이라 생각되는 것을 여섯 가지로 요약할 수 있었습니다.

첫째 : 너 때문이잖아. 너 때문에 안됐잖아. 너 때문에 짜증 나 죽겠다!
둘째 : 너는 왜 안 해. 네가 해. 내 일 아닌데요!
셋째 : 난 못 해. 왜 내가 해? 절대 안 됩니다!
넷째 : 넌 틀렸어. 네가 잘못했잖아. 야 이 멍청아!
다섯째 : 화만 내면서 웃지 않고 찡그린다.
여섯째 : 핑계거리만 찾고 하고 싶은 말만 내지른다.

문제가 있으면 해결책도 있다는 사실을 굳게 믿었습니다. 심성이 고운 직원들이기에 그들이 하는 부정적인 말버릇과 태도를 긍정적으로 바꾼다면 좋은 결과가 있을 거라 생각했습니다. 그래서 그들이 하는 말과 태도를 바꾸도록 했습니다. 무조건 반복적으로 따라 하도록 했습니다.

첫째 : "함께해서 감사합니다. 덕분입니다.", "고맙습니다. 감사합니다."하고 외치기.
둘째 : "너 때문에 안 됐잖아." 대신 "네 덕분에 이만큼이나 해냈다."라고 말하기.
셋째 : "너 틀렸잖아." 대신 "내 생각과 좀 다르구나."하며 상대를 인정하기.
넷째 : "난 못 해.", "난 안 해." 대신 "제가 하겠습니다." "이렇게 해 보겠습니다."라고 태도를 바꾸기.

하기 싫어서 핑계거리 찾는 데 능숙하고 상대를 비난하고 무시하는 데 익숙하고 불평불만이 몸에 밴 직원들에겐 이런 말과 행동이 쑥스럽고 어색할 따름이었습니다. 처음 한 번이 어렵지 한 번 하고 나면 두 번째는 조금 수월해집니다. 그래서 반강제적으로 따라 하도록 시켰습니다. 이틀 정도 마지못해 따라 하더니 조금씩 입이 열리고 태도가 바뀌기 시작했습니다. 고맙습니다. 감사합니다. 덕분입니다. 해 보겠습니다. 라는 말이 들리기 시작했습니다.

일주일 정도 지나니 그들의 말과 행동 태도 등에서 눈에 띄는 변화가 일어났습니다. 죽었다 깨어나도 안 됩니다. 절대 못 합니다. 의견이 다르면 틀렸다고 빡빡 우기며 대들던 직원들이 스스로 변하고 있었습니다.

첫째 : 서로에게 관심을 갖고 바라봅니다.
둘째 : 무시했던 직원들을 인정하고 격려합니다.
셋째 : 불평불만 비난의 소리가 줄어들고 간혹 칭찬하는 소리가 들립니다.
넷째 : 한번 해 보겠다. 한번 해 보자. 모두 동참하자고 서로 응원합니다.
다섯째 : 고객을 향해 미소를 짓고 큰 소리로 웃기도 합니다.

포기 대신 도전, 꼴찌 대신 1등, 비난 대신 칭찬, 무시 대신 인정, 짜증 대신 웃음이 피어나니 직원들 스스로 놀랍니다. 그렇게 조직의 분위기가 확 바뀌었습니다. 결국 당해 연말 성과 평가에서 1등, 친절 서비스 평가에서 1등을 차지하여 모든 직원이 포상을 받게 되었습니다. 다른 경쟁자들보다 한발 앞서는 기회가 주어졌습니다. 말이 그들의 인생을 통째로 바꾸었습니다.

이처럼 고맙습니다. 감사합니다. 덕분입니다. 다름을 인정하기. 해 보겠습니다. 라는 '긍정의 말' '희망의 말' '인정의 말'은 우리들의 인생을 희망으로 이끌 것입니다. 습관적으로 하는 말들이 우리들의 삶 속에서 알게 모르게 큰 영향을 미치고 있음을 우리들은 인정해야 할 것입니다.

말이 곧 글이 되니 글을 쓴다는 것도 마찬가지가 아닐까 합니다. 말은 듣는 사람에게 큰 영향을 미치듯 글은 보고 읽는 사람에게 지대한 영향을 끼칩니다. 내 것도 내가 쓰지 못하면 내 것이 아니라 했습니다. 예쁜 말이 입속에서만 굴러다니면 어느 세월에 아름다운 꽃을 피울 수 있겠습니까? 내 인생이 잘 풀리도록 이끌고 더 나아가 세상을 아름답게 바꾸고 싶다면 어떤 말을 해야 하고 어떤 글이 필요할까요? 멋진 인생은 멋진 말에서부터…

예쁜 말은 잇고 나쁜 말은 잊자

　물에 빠져 허우적거리다 보면 눈에 보이는 것이 없다. 살기 위해서는 발버둥을 쳐야 하고 옆에 있는 지푸라기도 잡아야 한다. 물에 둥둥 떠 있는 지푸라기가 무슨 버틸 힘이 있겠는가만, 손을 휘저으며 걸리는 것은 무엇이든 나의 생명을 이어줄 질긴 동아줄이라 생각한다. 그래서 온 힘을 다해 움켜잡으려 한다. 무엇이든지 잡거나 딛고 일어서야 물속에서 빠져나와 숨을 쉴 수 있기 때문이다.

　아무리 건장한 사람도 물에 빠진 사람이 붙잡고 잡아당기면 옴짝달싹 못 하게 된다. 이처럼 살기 위해 몸부림을 친다면 신神만이 알 수 있는 괴력怪力이 뿜어져 나온다. 여기에 젖 먹던 힘까지 다 쏟아붓는다면 아마도 어마어마한 힘이 나올 것이다. 살아야겠다는 의지는 그만큼 힘이 세다.

　갓 태어난 어린아이는 손에 닿는 것이면 무엇이든 감각적으로 꼭 움켜쥔다. 그리고 그 물건을 입으로 가져간다. 무언가 먹어야 살 수 있다는 것을 본능적으로 아는 것이다. 그래서 움켜쥐고 있는 물건을 빼앗으려 하면 빼앗기지 않으려 고사리손을 더 세게 오므린다. 그러다 빼앗기면 온 힘을 다해 악을 쓰며 운다. 가장 강력한 무기는 엄마를 향해 우는 것이다. 살아야겠다고 울부짖는 것이다.

이처럼 먹고사는 문제를 해결하기 위해 어른이나 아이나 모두 온 힘을 쏟아붓는다. 먹잇감이 나타나면 반드시 잡아야 하고, 돈벌이가 되는 정보라면 상대보다 먼저 들어야 한다고 굳게 믿는다. 그리고 선악善惡의 경계는 항상 모호한 것이라고 외친다.

물에 빠져봐야 살려는 마음이 얼마나 강한지 알 수 있다. 배가 고파 봐야 배고픈 설움을 알 수 있다. 뜨거운 불에 데어 보아야 불의 무서움도 알 수 있다. 전기에 감전당해 봐야 그 찌릿찌릿한 두려움을 알게 된다. 날카로운 가시에 찔려 봐야 피 흘리는 고통을 느낄 수 있다.

사람과의 관계도 그렇다. 절대적으로 믿었던 사람한테 눈 뜨고 있다 당하면 그 사람이 얼마나 무서운지 알게 된다. 내가 속이려 하면 상대가 먼저 나를 속인다. 누가 더 먼저 속이는가에 따라 승패가 갈린다. 그러나 상대를 속이려 하지 않으면 속을 일도 일어나지 않을 것이다. 요즘에는 잇속 먼저 챙기는 것이 생존본능이고 절대지존이 되는 지름길이라 믿는 듯하다.

마음속에 쌓아두고 한평생 사용할 예쁜 말은 거센 파도에 떠나가지 않도록, 비구름 타고 떠내려가지 않도록 신속하게 단단하게 잇자. 듣고 나면 분노를 치밀어 오르게 하는 독사의 말은 나의 흉이나 자식의 흠 감추듯 잽싸게 쓰레기통에 버리든지 지나가는 태풍에 날려 보내고 서둘러 지우고 잊자.

소화제 마시듯 거리낌 없이 분풀이 말들을 쏟아내면 그 사람은 기분 좋을 수 있겠지만, 억지로 웃음 지으며 듣고 있는 다른 사람들은 그 사람의 모래가루 씹다 치아 부서지는 소리에 토사광란吐瀉狂亂만 심해진다.

하늘에서 폭포수 떨어지듯 분노의 말을 쉼 없이 쏟아붓는다면 누군가는 저 밑바닥에 누워 그 분노의 화살을 끝없이 온몸으로 얻어맞아야 한다.

피멍이 들고 있는 속살을 보면서 꽃보다 더 예뻐 보인다고 비아냥거리거나 비꼬지는 말자. 정작 내가 쏜 화살은 지목했던 당사자가 아닌 그 옆에 있던 사람에게도 날아간다. 엉뚱한 사람도 날카로운 눈치에 찔리면 몸도 마음도 모두 아프다.

'덕분에 산다'라고 시를 써 보자. 상대를 높게, 나를 낮게 평가하는 여유를 가져 보자. 상대를 용서하는 것은 나를 용서한 것이고, 상대를 미워하는 것은 나를 미워하는 것임을 깨닫자. 내가 잘살아야 하는 이유가 있다면 분명 다른 사람도 잘 살아야 할 이유가 있는 것이다.

그 이유가 뭘까? 함께 어울리며 잘 살 수 있는 그 해답을 조금씩 알아가는 것이 인생 아니겠는가?

우는 가슴도 이유가 있다. 허전하다고 운다. 입을 굳게 닫고 말을 하지 않을 때도 이유가 있다. 너를 미워한다고, 너를 죽도록 미워한다고 말하고 싶지 않기 때문인 것이다. 이웃 간에 얼굴 맞대고 사는 것도 웃는 낯으로 아름다운 인연으로 거듭나기를 기대하는 것이리라.

음식이 부패하면 썩었다 하지만 발효되면 익었다고 말한다. 곰삭은 김치는 맛있다. 남은 세월의 무게가 가벼워질수록 이웃 간의 정이 더 달달해지고, 말에는 향기가 묻어나면 좋겠다.

칭찬도 연습이 필요하다

　칭찬稱讚이란 좋은 점이나 착하고 훌륭한 일을 높이 평가하는 말이다. 아첨阿諂은 남의 환심을 사거나 잘 보이려고 알랑거림. 또는 그런 말이나 짓을 말하고, 아부阿附는 남의 비위를 맞추어 알랑거림을 이른다.
　우리는 어려서부터 누군가를 칭찬하고 좋은 점을 말해 주려 해도 상대가 아부나 아첨으로 받아들이면 어쩌나 하는 부정적인 생각이 앞서 예쁜 말이나 칭찬하는 말을 자주 하지 않게 된다.
　그런 분위기 속에서 성장하고 어른이 되니 다른 사람을 칭찬하는 것을 매우 어렵게 느낀다. 진실한 마음으로 좋은 점을 열심히 칭찬했는데 상대가 칭찬으로 받아들이지 않고 아부로 받아들인다면 낭패가 아닐 수 없다.
　이것은 다른 사람의 칭찬을 감사한 마음으로 받아들이는 데 익숙하지 않기 때문이며, 또한 다른 사람을 칭찬하는 데 어색함이 몸에 배어 있기 때문일 것이다. 어렵다고 생각하니 말이나 행동이 부자연스러울 수밖에 없다.

　어린이들은 말을 하면 액면 그대로 받아들이는데 어른이 되어 가면서 다른 사람의 말을 순수한 마음으로 받아들이지 않고 오해하거나 왜곡하려 한다. 말뜻을 비트는데 선수가 되어 간다. 사는 동안 누군가에게 속임 당하고 이용을 당한 경험들이 마음의 때로 두껍게 쌓인 결과일 것이다.

　자동차 앞 유리창에 황사가 짙게 쌓여 있는데 창밖의 화창한 날씨가 눈에 들어올 리 없듯 언제나 누런 먼지만이 눈앞에 어른거릴 뿐이다. 마음의 창이 맑아야 하리.

　국물 튄 안경을 벗고 바른 눈으로 바라보아야 흠 없이 보이듯 칭찬하는 내 마음이 순수할 때 다른 사람도 순수하게 받아들인다. 칭찬의 완성은 결국 듣는 사람이 어떻게 받아들이느냐에 따라 달려 있다. 아무리 좋은 말로 칭찬을 해도 듣는 사람이 인정하지 않으면 '입에 발린 헛소리', '지나가는 바람 소리'일 뿐이다.

　상대가 갑자기 예뻐 보일 때 어떻게 칭찬하는가? '우와 예쁘다!', '와 언제 이렇게 예뻐졌지?', '언제 보아도 예뻐!', '전에도 예뻤는데 오늘은 더 예쁘구나!', '살이 빠지니 더 예뻐 보이는구나!', '뭘 발라서 이렇게 예뻐진 거야?', '아니 이렇게 예쁜 모습이 있었다니!', '걔보다 네가 훨씬 더 예쁘구나.', '당신은 보름달보다 더 둥근 마음을 가졌네요.', '당신의 아름다운 마음은 장미꽃조차 부끄럽게 만드네요.' 등등. 어떤 말이 더 자연스럽게 나오는가요?

　매일 같은 밥은 먹을 수 있어도 똑같은 반찬은 싫증이 나고 물림이 밀려온다. 예쁘다, 참 예쁘다, 진짜 예쁘다, 너무너무 예쁘다 등, '예쁘다'라는 말을 하면서 약간의 수식어를 붙이면 감동의 크기는 아주 많이 달라진다. 화려한 수식어가 아닌 아주 사소한 수식어라 할지라도 그 효과의 차이는 매우 크다.

어제 듣던 칭찬의 말이 아니기에 오늘 받아들이는 감동이 새롭다는 것이다. 낯설게 칭찬하면 새로운 느낌을 줄 수 있지만, 비교하는 칭찬, 외모에 대한 칭찬, 과정이 생략된 결과만 칭찬하는 것들은 지양해야 한다. 칭찬할 때는 근거를 콕 들어내어 구체적으로 하면 좋다.

그리고 칭찬거리를 보게 되면 즉시 해야 효과 만점이다. '참 지난번에 잘했더라' 하면 김빠진 맥주, 녹아버린 아이스크림 신세일 뿐이다.

칭찬하는 데 인색하다 보니 누가 칭찬을 하면 받아들이는 데 무척 어색해한다. 인터넷상의 상담하는 글 중 일부다. '부모님이 저한테 갑자기 칭찬하면 기분이 이상해요. 나한테 왜 칭찬을 하지 싶기도 하고, "허얼 공부하고 있었어?" 맨날 이러시는데 왜 그러는지 이해도 안 가고 오글거리고 칭찬받는 게 너무 부담스럽게 느껴져요. 칭찬 안 받을 때가 더 좋은데 무슨 마음일까요?'

이처럼 평상시 엄마한테 듣던 말이 아닌 갑자기 칭찬 같지 않은 비꼬는 듯한 말을 들으니 어리둥절할 수밖에 없다. 귀에 익숙한 말이 아니고 늘 보아온 행동이 아니면 경계심이 발동한다. 무슨 꿍꿍이지? 하면서 의심을 하게 된다. 다른 사람이 칭찬하면 받아들일 자세가 되어 있지 않아서, 뜨거운 맥반석 위에서 마른오징어가 온몸을 비비 꼬며 춤을 추는 것처럼 부자연스럽다.

오랫동안 숨겨온 치부가 만천하에 공개되어 얼굴이 확 타오르는 느낌일 수도 있다. 상대가 칭찬해 올 때, 적당한 말로 대꾸를 해야 하는데 할 말을 찾지 못하고 자기 비하적 발언이 먼저 튀어나온다. '오우 아주 잘 만드셨네요' 하면 '열심히 준비했습니다' '고맙습니다'라고 대답을 하면 그만인 것을 '뭘요, 보잘 것 하나도 없는데요' 하는 말이 더 자연스러울 것이다. 칭찬받으면 사양하지 말고 빼지 말고 먼저 기뻐하면 된다.

칭찬은 바보를 천재로 바꾼다. 칭찬하면 칭찬받을 일을 하고 비난을 하면 비난받을 짓을 한다. 칭찬은 고래를 춤추게 하지만 비난은 날뛰게 한다. 사람을 교육하는 방법 중 한 가지는 칭찬이다. 칭찬하는 것에 능숙한 조교가 되어 보자. 칭찬하면 칭찬이 돌아오고 원망하면 원망이 돌아온다.

물질의 나눔은 순간의 기쁨이지만 칭찬은 평생의 기쁨이다. 만날 때도 칭찬하고 헤어질 때도 칭찬하라. 미운 사람에게 칭찬 떡 하나는 배고픈 관계 회복의 지름길이다.

당신의 작은 칭찬 한마디, 누군가에게는 커다란 감사가 되고 용기가 되고 격려가 된다. 비싼 선물은 큰 비용을 지출해야 하지만 칭찬은 단 1원도 들어가지 않는다. 그러나 선물보다 더 큰 감동을 준다. 하면 된다. 한번 해 보자. 뇌는 칭찬하는 소릴 들으면 화자와 청자를 구분하지 않고 세로토닌serotonin을 분비한다. 칭찬하고 나면 기분이 좋아지고. 비난하고 나면 기분이 언짢아지는 것도 그 때문이다.

약점을 찾아다니는 어둠의 노예가 되지 말고, 칭찬에 목마른 사람에게 시원한 물 한 잔 건네는 천사가 되어보자. 해가 뜨면 별이 보이지 않듯 칭찬이 늘면 원망은 줄어든다. 행복이 쌓이면 불행이 다가올 시간이 없다. 칭찬을 받고 싶으면 먼저 칭찬하라.

세상에 외상은 있어도 공짜는 없다. 고기도 먹어 본 사람이 고기 맛을 알듯 칭찬을 받아본 사람이 더 칭찬받고 싶어 한다.

칭찬이 일상이고 일상이 칭찬이면 무원무구無怨無仇할 것이다. '그 사람이 먼저 나를 칭찬하면 나도 그를 칭찬할 수 있을 텐데'라는 말은 하지 말자. 먼저 다가가서 칭찬해 보면 어떨까요? 칭찬은 아름다운 마음을 표현한 것이다. 숙달된 조교도 부단한 노력과 훈련이 필요한 것처럼 칭찬도 그만큼 연습이 필요한 것이다.

　칭찬은 웃음꽃을 피우는 마술사다. 칭찬하다 보면 마음이 열려 네가 내가 되고 내가 네가 된다. '어떻게 내 마음을 그렇게 족집게처럼 알았을까?', '아니 나도 모르는 사실을 기억해 주다니.' 하는 감탄사를 듣게 될 것이다. 당신은 아마도 칭찬의 달인으로 불릴 것이다.

　자신의 칭찬거리를 찾아 지금 즉시 적어 보자. 과연 몇 개나 적어낼 수 있을까요? 손이 굽은 것도 아니고 입이 막혀 말 못 할 형편도 아닌데 잘 써지지 않는다. 참 묘한 일이다. 흠잡으라 하면 봇물 터진 듯 쏟아낼 것 같은데 말입니다.

　저의 칭찬거리 10개를 적어 봅니다. '항상 감사할 줄 안다.', '예쁜 말을 참 잘한다.', '작은 일에도 잘 웃는다.', '아름다운 글을 잘 쓴다.', '상대방을 많이 배려한다.', '모든 일에 솔선수범한다.', '남들에게 양보할 줄 안다.', '남을 위해 봉사할 줄 안다.', '웃는 모습이 정말 아름답다.', '모든 일을 긍정적으로 생각한다.'

　다른 사람이 아닌 자신의 칭찬거리를 찾는 데도 그리 쉽지 않다. 낯간지러워서 그러신가요? 아니면 그만큼 자신에 대하여 무관심한 것인가요? 나의 허기진 배로는 다른 사람을 돌아볼 여유가 없다는 사실을 명심하면 좋겠습니다.

　칭찬은 하고 싶은데 도대체 뭘 칭찬해야 하는지 막막하시다고요? 그 사람이 정말 좋아하고, 인정받고 싶어 하는 것을 찾아내면 된다. 그래야 상대가 쉽게 받아들이고 뿌듯함까지 느낀다. 운동을 좋아하는 사람이라면 '운동해서 그런지 옷태가 딱 사네.', 그림 그리기를 즐기는 사람이라면 '정말 직접 그린 거예요? 느낌 진짜 좋네요'. 스피치 전문 교육가에게는 '발표 잘 들었어요. 말씀을 어쩜 그리 잘하세요?' 이렇게 말하면 상대방도 '그건 내가 봐도 그렇지.'라고 동의할 수밖에 없습니다. 내 칭찬에 상대가 '납득할 수밖에 없는 이유'를 함께 이야기해 주면 금상첨화다.

　노래를 못하는 사람에게 '가수로 데뷔하라' 하면 이것은 칭찬이 아닌 빈정거림에 불과합니다. '네가 나에 대해 아는 게 뭐야?' 하는 반발감만 생기고 괜히 기분만 상할 수 있습니다. 상대방이 동의하지 않는 어설픈 말은 정말 칭찬이 아닙니다. 그래서 칭찬하는 것도 연습이 필요합니다. 칭찬 잘한다는 거, 결코 쉬운 일이 아닙니다.

　변명의 3원칙 '타이밍', '정확 간결', '겁먹지 않기' 등을 칭찬의 3원칙 '즉시', '구체적으로', '대담하게 말하기' 등으로 바꿀 수 있겠지요! 말하지 않으면 아무도 알아주지 않습니다. 말로 표현하지 않는 칭찬, 마음속에 갇혀 있는 칭찬은 아무런 의미가 없습니다.

　칭찬은 선물입니다. 선물은 나누어줄 때 가치가 생기고 빛이 납니다. 선물도 아끼면 똥이 됩니다. '황금 같은 사람은 태어나는 것이 아니라 칭찬으로 만들어지는 것이다(잠 31:10)'고 하였습니다. '와 대단하군요.', '바로 그거야.', '정말 놀라워.', '오우 멋져.', '우와 훌륭해.' 등의 감탄사와 칭찬하는 말을 자주 들을 수 있으면 좋겠습니다.

긍정의 말꼬리 잇기

'긍정적인 사람은 한계가 없고, 부정적인 사람은 한 게 없다.' 윌리엄 아서 워드William Arthur Ward는 '비관주의자는 바람이 부는 것을 불평한다. 낙관주의자는 바람의 방향이 바뀌기를 기대한다. 현실주의자는 바람에 따라 돛의 방향을 조정한다.'라고 했다. 이루려는 마음을 가진 사람은 '되는 방법'을 찾아내고 미루려는 사람은 '안 되는 방법'을 찾아낼 것이다.

우리의 뇌는 긍정적인 말보다 부정적인 말을 더 잘 기억한다. 한 실험에서 피실험자들에게 15개의 좋은 말과 15개의 나쁜 말을 보여준 결과 66%의 실험자가 나쁜 말을 더 많이 기억했다고 한다.

아이들이 말을 배우는 시기에도 고운 말보다는 욕설 같은 단어나 부정적인 말을 더 빨리 배우는 데에는 이러한 사정이 있었는가 보다. 그러므로 매사에 긍정적으로 생각한다는 것은 정말 쉬운 일이 아니다. 좋지 않은 일이 생겼을 때 '와 미치겠네.', '왜 나한테만 이런 일이 생기는 거야.'라고 부정적으로 생각하기 쉽다. '그래, 그럴 수 있어.' '괜찮아, 모든 일이 다 잘될 거야.'라는 식으로 고개를 끄덕이는 것이 아마도 긍정의 시작이 될 것이다.

고소 고발 사건에서 당사자들이 하나의 사건이지만 '나는 잘못이 없고 네가 잘못했다.'라고 주장하는 경우를 자주 보게 된다. 권력을 가진 사람과 권력을 갖지 못한 사람들도 국민이 바라는 마음은 하나인데 각자의 입맛대로 해석을 다르게 한다. 피해자 또는 이용당하는 사람과 가해자 또는 이용하려는 사람이 하나의 사건을 놓고 바라보는 관점과 잇속 챙기는 생각이 서로 다르기에 전혀 다른 주장을 하게 된다.

똑같은 시간이지만 어떤 사람은 즐거운 마음으로 시간을 더 만들어낸다. 어떤 사람은 불편한 마음으로 그냥 흘려보낸다. 월급을 주는 사장님은 "월급날이 왜 이렇게 빨리 오는 거야." 하면서 투덜거린다. 월급 받는 근로자는 "월급날이 왜 이리 더디게 오냐."고 불평을 한다.

한 달이라는 시간은 공평하게 주어지는데 각자의 마음이 어디에 있는가에 따라 느낌의 차이가 이렇게 다르다. 하나의 사물을 놓고 위를 보고 밑을 보고 좌左를 보고 우右를 보면 각각 다르게 보인다. 누구에게는 정상으로 보이고 누구에게는 밑바닥으로 보이고, 끝점과 시작점으로 달리 보인다.

같은 방향을 보고 있음에도 다르게 보인다면 이는 마음을 다르게 쓰고 생각을 달리하고 있다는 것이다. 어느 곳에 서 있든 앞을 보는 사람은 앞에 있는 것을 보게 되고, 뒤를 보는 사람은 뒤에 있는 것을 보게 된다. 다만 바라보고 있는 것들이 긍정인지 부정인지, 행복인지 불행인지는 그 사람의 마음과 생각이 결정한다. 바라보는 방향이 어디인가에 따라 어떻게 생각하는가에 따라 이렇게 큰 차이가 난다.

내 아이의 뱃살이 불룩하면 장대비 내린 후 마중 나온 햇살처럼 반갑지만, 해가 뜰 때마다 불거져 나오는 나의 아래 뱃살은 얄밉기가 한

이 없다. 같은 뱃살인데도 느낌이 다르다. 반가운 마음이 시작하는 곳은 어디이고 얄미운 마음이 끝나는 곳이 어디인가?

세상을 살아가면서 좋은 추억 나쁜 기억들을 떠올리지만 어떤 기억을 더 많이 떠올렸느냐에 따라 결과는 크게 달라진다. 부정적인 생각은 부정의 씨앗을 키우고, 긍정적인 생각은 긍정의 뿌리를 내린다.

시작점에서의 아주 작은 생각 차이가 끝점에서의 결과를 크게 가른다. 마치 강남에 있는 빌딩 소유주와 집 한 채 없이 서울 변두리에서 월세로 살아가는 빈털터리와의 차이만큼 확연해진다. 인생은 자신이 생각한 대로 말한 대로 이루어진다는 것은 맞는 말이다.

'내가 걱정을 해서 걱정이 없어지면 걱정이 없겠네.'라고 말한다. 일어나지도 않을 걱정거리를 앞세워 날마다 걱정 놀이를 한다. 날마다 '걱정'거리를 찾는 부정적인 생각과 그러한 습관은 병을 키운다.

걱정 근심으로 키운 암 덩어리는 더 큰 걱정거리를 만들어낸다. 매사 '안 되면 어떻게 하지.', '왜 나만 못 하지.'라는 부정적인 생각들은 진정 어느 짝에도 쓸모없는 것이다. 긍정적인 생각 근육을 건강하게 키워 부정적인 생각의 싹을 싹둑 잘라내야 한다.

데일 카네기의 말처럼 바람개비를 계속 돌리기 위해서는 바람이 불기를 기다릴 것이 아니라 스스로 앞으로 달리면 될 일이다. 부정적인 생각을 줄이고 긍정의 말꼬리를 조금씩 이어가다 보면 분명 큰 행복이 다가올 것이다. 긍정이라는 생각의 자석을 끌어당기고 다이아몬드처럼 빛나는 말을 찾아내자.

오늘 무심코 던진 한마디가 내 인생의 마지막 한마디일 수 있다. 믿는 대로 되는 긍정의 힘, 모든 성공은 긍정의 말에서 시작된다고 믿어 보자. 나는 돈과 행복이 어울리는 사람이라 생각해 보자. 그러면 남은 인생이 정말 여유로울까?

할 수 없다. → 하면 되겠지. / 긴장하지 말고. → 맘 편하게. / 긴장돼 죽겠어. → 너무 긴장해서 입술이 떨려. / (수능시험 보러 가는 아이에게) 재수할 생각 꿈에도 하지 마. → 힘들었지, 무사히 잘 보거라. / ~ 하지 마 → ~ 하세요. / 가지 마. → 머물러 주세요. / 출입 금지 → 떨어져 있으세요. / 오지 마. → 홀로 있고 싶네. / 요구사항이 말도 안 되는군요. → 요구사항을 명확하게 해 주세요. / 뛰지 마라. → 걷는 발을 이용해라. / 만지지 마세요. → 내 손을 잡으세요. / 의자 위로 올라가지 마세요. → 발을 바닥에 두세요. / 우산을 가져오지 못했네. → 우산을 놓고 왔네. / 큰소리치지 마세요. → 조용한 목소리 들려주세요. / 바빠 죽겠다. → 잘나가니 바쁘네. / 고생하셨습니다. → 정말 멋졌습니다. / 너의 실수 이제 넌더리가 난다. → 교정 한 번 더 보는 것이 황당한 실수를 피합니다. /~ 때문에 → ~ 덕분에 등등

부정어를 긍정어로 바꾸어 표현하면 분위기가 훨씬 부드럽다. 어딘지 모르게 그 사람이 고급지게 보인다.

잘하고 있어, 더 좋아질 거야, 다 잘될 거야, 괜찮아, 좋아 등의 긍정적인 말은 우리가 살아가는 데 많은 힘을 준다. 그냥 듣기만 하는 것보다 말을 하면 효과가 두 배로 나온다.

아침에 일어나 '오늘 하루 제가 계획한 것들 다 이루겠습니다.'라고 외치면 저녁에는 '오늘 계획한 것을 다 이루었습니다. 감사합니다.'를 외칠 수 있을 것이다. '내가 나에게 내뱉는 말의 힘'은 매우 크다. 매사 긍정적인 언어를 통해 주변에도 긍정적인 영향을 끼치면 좋겠다.

내가 하는 말은 듣는 상대방과 내뱉는 나에게 지대한 영향을 끼친다. 사무실에서 상사가 나 아닌 다른 동료에게 욕설을 퍼부어 대면, 나의 귀를 통해 들어온 그 욕 때문에 나한테도 부적정인 파장을 일으킨다. 무시하고 잊으려 해도 계속 떠오른다. 그러니 부정적인 단어,

욕, 험한 말은 하지 않고 듣지 않는 게 상책이다.

부정적인 언어를 줄이려는 어느 선생님은 "'저 망했어요.'라는 말을 하고 싶으면 '망고', '아 짜증 나.'라는 말을 하고 싶으면 '짜장면'을 외쳐라."라고 하였다고 한다. '망했어요, 짜증 나'라는 단어는 듣는 사람 누구에게나 악영향을 끼친다. 그러나 망고, 짜장면 등으로 바꾸어 표현하면, 그 뜻을 알고 있는 나 자신 이외의 사람에게는 악영향을 미치지 않는다. 다른 말꼬리도 더 찾아보자.

말들에게 먹을 것 주지 마시오. → 말은 사과와 당근만 먹어요. / 아직 못 받았습니다. → 아직 도착하지 않았습니다. / CCTV가 설치되어 있습니다, 훔쳐 가지 마세요. → 카메라를 보고 웃어 주세요. / 나무에 오르지 마세요. → 길에 머물러 주세요. / 풀을 밟지 마시오. → 식물이 자랄 수 있도록 기회를 주세요. 등등.

'괴롭다.' '힘들다.' '죽겠다.' '미치겠다.'라는 말이 입에 붙어 있다면 그 말대로 내 마음이 괴롭고 힘들어서 죽어간다. 이러한 말이 습관적으로 배어 있는 사람은 말의 씨가 싹이 트고 자라서 말한 대로 이루어진다. 괴롭고 힘들어서 결국은 죽게 된다는 것이다. 이런 말은 하지 않는 것이 더 좋다.

파블로 피카소는 '나는 최고로 성공하는 화가가 될 것이다.'라는 말을 하고 다닌 덕분에 30대에 백만장자가 되었고 크게 성공했다. 빈센트 반고흐는 '나는 이렇게 비참하게 살다 죽을 것 같아, 불행은 나를 절대로 떠나지 않을 것 같아.'라는 말을 하고 다닌 덕분에 그는 죽을 때까지 가난했고 무명으로 살다 무명으로 죽었다고 한다.

우리는 어떤 말을 더 많이 하면서 살아가는가? 긍정의 말인가 부정의 말인가? 긍정의 말이 활짝 꽃피도록 해 보자. 인생을 감사로 물들이고 긍정의 힘으로 주변을 밝게 해 보자. '이것조차도 고맙다'라는 생각과 '이것밖에 대접을 못 받네.'라는 생각의 차이, 얼굴에 피는 주름에까지 영향을 미친다.

긍정의 천사를 만나거나 부정의 악마를 만나게 되는 것은 결국 자신의 언어습관에 달려 있다.

복 있는 말이 복을 부른다

복福 그릇은 내 얼굴을 닮았을까? 복 그릇은 내 마음보다 클까? 복 그릇은 어떻게 만들어질까? 복 받을 짓을 하면 정말 복을 받을 수 있을까?

금이 간 항아리에 복을 쌓으면 복이 머물 수가 없다. 복을 짓는데도 자꾸 새어 나가면 이를 유루복有漏福이라 한다. 지어 놓은 복이 새지 않고 무럭무럭 자라면 무루복無漏福이라 한다.

피땀 흘려 수확해 둔 농작물을 생쥐가 야금야금 빼먹으면 며칠 가지 않아 남는 게 없을 것이다. 차라리 그 수확물을 옆집에 사는 이웃들에게 나누어주었다면 그만큼 큰 복이라도 짓는 것이 될 터인데 말이다.

아무리 많은 재물도 새는 곳이 있다면 금방 줄어들게 된다. 복도 마찬가지라 생각한다. 그러니 복이 허투루 새어 나가지 않게 잘 다스려야 한다.

복이라는 실체는 눈에 잘 보이지 않는다. 그래서 복 그릇을 크게 준비한 사람에게는 하늘이 내려주는 무량대복無量大福을 담아낼 수 있지만, 작은 그릇을 준비한 사람은 자신이 준비한 그릇의 크기만큼만 복을 받을 수밖에 없다. 그러므로 무량대복을 받으려면 무량한 복 그릇을 준비해야 한다. 수많은 복은 보이지 않는 곳곳에 널려 있다.

아침 일찍 일어나 주변을 깨끗하게 정리한다면 그곳에 떨어진 복은 오롯이 내 몫이 될 것이다. 만나는 사람들에게 밝은 미소로 인사를 건넨다면, 그 사람 주위에 있는 복이 나에게로 몰려올 것이다. 일상에서 복을 짓고 복을 나누는 일은 그리 어렵지 않다. 복 그릇을 키운다는 것은 몸과 입과 생각身口意을 잘 다스려 일상 그 자체가 복 짓는 일이 되게 하면 될 일이다.

지어 먹는 복은 내가 짓는 밥처럼 내 몫이기에 내 마음대로 쓸 수가 있다. 그러나 주어지는 복, 구하는 복, 받는 복은 내 몫이 아닌 다른 사람에게서 온 것이니 내 마음대로 써서는 안 된다. 이 복은 반드시 다른 사람에게 나누고 베풀어야 한다.

복福이란 무엇인가? 한자를 파자破字해 보면, 보일 시示, 한 일一, 입 구口, 밭 전田이 합해진 글자임을 알 수 있다. 필자는 간혹 '신이 한 사람의 입을 통해 복 있는 말을 전하여 여러 사람을 먹여 살린다.'라고 풀어 보기도 한다. 한 입이 다섯 입을 거두고 있다는 엉뚱한 생각을 해 보았던 것이다.

사람들은 복 받는 것을 아주 좋아한다. 재앙이 닥치는 것은 바퀴벌레 보듯 싫어한다. 그런데 예로부터 전해오는 글들을 보면 복이라는 글자 옆에는 화禍라는 글자도 자주 보인다. 복을 지나치게 탐하면 화도 따라온다는 뜻 아니겠는가. 그러한 문구들을 일별해 본다.

— 화복무문유인자초禍福無門惟人自招:
화와 복에는 문이 따로 없음. 오직 사람이 스스로 부르는 것임.

— 화복유기禍福由己 :
화나 복은 자기에게서 말미암는다는 뜻으로, 화나 복은 자기 스스로 부르는 것이라는 의미.
— 화복동문禍福同門 :
화나 복은 같은 문에서 생긴다는 말.
— 화여복린禍與福隣 :
화와 복이 서로 이웃한다는 뜻으로, 복이 있으면 화가 있고, 화가 있으면 복이 있다는 의미.
— 화복의복禍福倚伏 :
화나 복이 서로 의지하고 엎드린다는 뜻으로, 화 가운데 복이 있고 복 가운데 화가 있어 화와 복은 항상 돌고 도는 것이라는 의미.
— 화복상생禍福相生 :
화와 복이 서로 생긴다는 것. 화와 복이 서로 번갈아 일어남을 뜻함.
— 양화구복禳禍求福 :
재앙을 물리치고 복福을 구함.
— 화혜복지소의禍兮福之所倚 :
화와 복은 서로 의지依支하고 있음.
— 원화소복遠禍召福 :
화를 물리치고 복을 불러들임.
— 복연선경福緣善慶 :
복福은 착한 일에서 오는 것이니, 착한 일을 하면 경사慶事가 옴.
— 복생어미福生於微 :
복은 작은 것에서 생긴다는 뜻, 행복은 조그마한 일에서부터 싹튼다.

— 다행다복多幸多福 :

　운이 좋고 복이 많음.

— 복덕원만福德圓滿 :

　복과 덕, 즉 행복幸福과 이익利益이 넘쳐흐를 정도程度로 가득함.

— 복과재생福過災生 :

　복이 너무 지나치면 도리어 재앙이 생김.

— 무량대복無量大福 :

　헤아릴 수 없을 만큼 큰 복.

— 복인복과福因福果 :

　복덕의 인因으로 말미암아 복덕의 과보果報를 얻음.

— 무망지복無望之福 :

　바람이 없었던 복이라는 뜻으로, 뜻밖에 얻은 복이나 행운.

일본의 사상가 고다 로한은 『노력론』(비전코리아 출판)에서 삼복론三福論을 강조했었다.

　첫째 : 석복惜福. 타고난 복을 아껴 쓴다. 이는 타고난 복을 아끼고 아껴서 복 그릇을 키운다는 의미다. 복을 아낄 줄 알아야 복이 찾아온다.

　둘째 : 분복分福. 다른 사람을 위해서 복을 나누어 준다. 내 복을 나눠서 타인의 복 그릇을 키워 준다면 결국에는 타인의 복 그릇 덕분에 내 복도 커진다는 의미다.

　셋째 : 식복植福. 세상 사람 모두가 누릴 수 있는 크나큰 행복을 만든다는 의미다.

　사회 구성원 모두가 누릴 수 있는 가장 큰 복 그릇을 말한다. 다른 사람을 위해 헌신, 봉사하며 복의 씨를 심는 것이다. 내가 심은 복은 결국 나에게로 돌아온다.

복은 스스로 아끼고 나누고 키워야 한다는 것이다. 쓸데없는 복은 하나도 없다. 버릴 복도 하나도 없다.

예쁜 말을 하고 예쁜 미소를 짓는 것도 복을 짓는 것이다. 우리는 좋은 말을 자주 하면 복 있는 사람이 될 수 있다. 복 있는 말은 결과론적으로 자신을 위한 기도가 된다.

박복薄福하면 자기만 생각하게 되나 다복하면 모두의 행복을 생각할 수 있게 된다. 그러므로 복을 나누기 위해서는 자신이 먼저 복 있는 사람이 되어야 한다. 늘 다복다행多福多幸한 사람이 되어보자.

아무런 노력 없이 저절로 복이 하늘에서 뚝 떨어지는 법은 없다. 떠먹여 줄 때까지 기다리고 있는 복도 없다. 제 발로 복이 있는 곳으로 다가가든지 손을 내밀어야 하는 것 아니겠는가.

그리고 나에게 '복 좀 주세요.' 보다 내 '복 좀 가져가세요.'를 외치는 것이 외려 더 큰 복을 짓는 것은 아닐까? 복 있는 말을 계속하다 보면 복은 저절로 들어온다. 축복의 말이 당신의 축복을 만든다. 희망이 담긴 말, 행복을 부르는 말이 당신의 희망을 부르고 행복을 부른다는 사실을 기억하면 좋겠다.

여러 사람의 마음속에 뿌려 놓은 복은 이자 쳐서 돌아온다. 어쩌면 자신이 받는 복도 매 순간 다른 사람 마음에 뿌려둔 복 씨앗이 자라서 열매를 맺은 결과일지도 모른다. 다른 사람이 흘려주는 복, 작다고 생각 말고 내 마음속에 오랫동안 머물게 해보자.

'넌 할 수 있어.', '난 널 믿어.', '넌 참 멋진 사람이야.', '넌 어떤 일이든 해낼 충분한 능력이 있어.', '내 곁에 네가 있어 행복해.', '한번 해 보자.' 등등. 이런 말은 누군가의 마음속에 복을 심는 말이다. 그냥 입으로 말하면 되는 것이다. 일상의 삶에서 감사의 말, 축복의 말, 한두 마디씩 던지면 되는 것이다. '고맙습니다.', '감사합니다.', '사랑합니다.', '행복합니다.'를 외치면 정말 복이 될 거라 믿는다.

　내가 들어서 기분 좋은 말은 상대방도 듣고 싶어 하는 말이다. 이것이 복 나눔의 첫걸음이다. 오늘은 누군가에게 예쁜 말을 툭 던져 보자. 혹 '저 사람 복 받을 만한 그릇입니까?'라고 물으면 자신 있게 '예 그렇습니다.'라는 대답을 들을 수 있어야겠지요?

　나를 위한 기복祈福보다는 너를 위한 축복祝福의 기도가 널리 울려 퍼지기를….

그 자리에 꼭 있어야 할 사람

사무실에서 지하철역까지는 500미터쯤 떨어져 있다. 해가 저물어 여느 때와 같이 사무실을 정리하고 나와서 지하철역을 향해 걸어갔다. 지하철역에서 카드가 들어 있는 지갑을 꺼내려 호주머니 속으로 손을 넣었다.

그런데 이게 웬일인가. 지갑이 손에 잡히지 않았다. 점심시간에 다른 지인을 만나 밥값을 결제하려고 지갑을 꺼낸 후 호주머니에 잘 넣었다는 기억은 여전히 생생하다. 20 구간의 지하철역을 지나오면서 졸기는 했지만, 분명한 것은 역에서 나올 때 카드를 찍고 나왔기에 그때까지는 분명 호주머니 속에 들어 있었다는 사실이다.

이게 무슨 날벼락이란 말인가. 머릿속이 온통 하얗게 변했다. 지갑 안에는 교통카드는 물론 신용카드와 보안카드, 주민등록증 그리고 휴가비로 챙겨둔 현금도 제법 두툼하게 들어 있었다. 또 잘 사용하지 않는 다른 카드도 몇 장 더 들어있었다.

지하철을 탈 수 없기에 지하철역에서 사무실로 되돌아 왔다. 찌는 듯한 무더위 탓에 노트북이 들어있는 백팩은 완전 군장 배낭보다 더 무겁게 느껴졌다. 어디에 떨어뜨렸을까? 마음씨 고운 사람이 주웠다면 현금은 차치하고 카드는 돌려받을 수 있지 않을까 하는 소박한 희망을 믿어 보았다.

　오후에 일어난 상황을 이동한 시간대별로 가늠해 보면서도 지갑은 사무실에 꼭 있어야만 한다는 생각뿐이었다. 이런저런 불길한 생각을 하면 그 꼬리가 길어진 만큼 주름만 늘고 나만 손해라는 생각이 들어서 허겁지겁 뛰다시피 사무실로 되돌아왔다. 이때까지도 나의 머리카락은 고슴도치를 닮아 있었다.

　맨 처음 작업했던 출입구 쪽 의자 주위를 삐리릭 둘러보았다. 아무것도 보이지 않았다. 불안한 마음으로 탕비실과 화장실 문을 벌컥 열어 보았다. 여기에도 보이지 않았다. 아이고 이거 큰일 났네! 이를 어쩌나. 정말 다른 곳에 떨어뜨렸나 보네 하면서, 마지막으로 작업을 했던 창가 쪽으로 가보았다. 여기에도 없으면 카드사에 분실 신고를 해야지 하는 마음뿐이었다.

　쏜살같이 눈동자를 굴려보았지만, 책상 위에는 하얀 복사용지 외에는 아무것도 보이지 않았다. 자포자기自暴自棄 심정으로 의자에 앉아 지갑이 빠질 만한 자세로 컴퓨터를 만지작거려 보았다. 의자를 이리저리 돌려보다 의자 밑을 슬쩍 훑어보았다.

　아니 이게 웬 복이란 말인가. 글쎄 의자 바퀴에 밀려 책상 서랍장 밑으로 절반쯤 들어가 있는 지갑이 보였다. 도마뱀이 꼬리를 살짝 보여주고 있는 그런 모습이었다. 그럼 그렇지. 점심 대접을 한다고 다른 사람에게 선의를 베풀고 왔는데 그 복이 어디 다른 데로 달아났겠는가.

　엉뚱한 곳에 흘리지 않아서 정말 다행이구나 하면서 안도의 한숨을 쉬었다. '천 개의 바람이 앗아간 텅 빈 마음을 만개의 복이 일어 수만 개의 충만한 마음으로 되돌려 받는다.'라는 문장으로 소식지의 원고를 마무리하였는데, 복이 넘치는 즐거운 마음을 되돌려 받은 느낌이었다. 있어야 할 자리에 그 복이 머물러 있으니 참으로 고마웠다.

반드시 그곳에 있어야 할 물건은 반드시 그곳에 있어야 한다. 그렇지 않으면 일이 엉망이 된다. 어떤 민원 사건을 해결해야 하는데 그 일을 처리해 줄 사람이 마침 그 자리에 없다. 그러면 사방팔방으로 인맥을 뒤적인다. 조금이라도 끈이 닿는 사람을 현미경을 들이대며 찾아낸다. 그래도 힘이 모자라거나 마땅한 사람이 없으면, 왜 이때 내가 필요한 사람이 그 자리에 없는 거야 하면서 한숨 소리만 높아간다.

가격이 바닥을 쳐서 그 물건을 사야 하는데 왜 지금 현금이 바닥이란 말인가. 급하게 수술을 해야 하는데 수술 전문가는 왜 이때 휴가를 가고 수술실에 없단 말인가.

잘못한 학생들에게 따끔하게 훈계하고 나무라야 하는데 왜 이때 지도하는 선생님은 그 어디에도 보이질 않는가. 잘못한 정치인을 꾸짖고 정도正道를 걷게 만들어야 하는데 왜 이때 아주 바른 소리를 해주는 믿음직한 어른이 보이지 않는가. 지금 꼭 필요한데 지금은 그런 사람이 보이지 않는다. 꼭 필요할 때 나타나면 만고의 의인이 될 터인데….

지갑을 잃어버렸다는 마음에 불안하고 걱정이 앞섰던 것처럼, 지금 이 순간, 꼭 필요한 말을 해 주고 꼭 필요한 가르침을 주는 사람이 없다면 우리 스스로 필요한 사람이 될 수밖에 없다. 꼭 와야 할 사람이 오지 않았다고 실망할 것 없다. 두툼한 지갑을 잃은 사람은 지갑을 찾으려 그 자리에 반드시 나타날 것이다. 만나야 할 사람은 다 만나게 되어 있는 것이리라.

> 말이 마음이 되고 마음이 곧 말이 된다
> 따뜻한 말은 따뜻한 생각, 따뜻한 마음이다
> 마음의 알갱이가 자라서 입을 통하여 밖으로 나오면 말이 된다
> 손을 통하여 밖으로 나오면 글이 된다
> 바른 마음은 바른말,
> 예쁜 마음은 예쁜 말의 기본이 됨은 물론이다

02:
예쁜 말을 '씨'를 찾아서

꿈을 아끼고 공유하자

'꿈의 디지털화 시대', 마음도 아날로그가 아닌 디지털화할 수 있다는 말인가? 사람들의 감성이 기계적으로 바뀌면 0과 1 사이를 무한 반복하며 달린다. 기계들만이 이해하는 디지털화가 되어 가는 것이다. 인류의 편리함을 위해 만들어 낸 각종 기술이 점점 인류를 지배해 가고 있다.

지구상에서 살아가고 있는 모든 사람의 숫자보다 훨씬 더 많은 컴퓨터를 연결하고 있는 AI(인공지능, Artificial Intelligence)를 어찌 한두 사람의 두뇌로 대적할 수 있으리오. 감정도 감성도 공유되면 꿈도 공유가 가능할 것이고 그렇게 된다면 우리 모두의 꿈은 하나로 통일될 수도 있다는 생각이다. 생각의 차이, 감정의 차이가 없어진다면 AI가 지배하는 새로운 독재 시대가 도래하는 것은 아닐까 두려움이 앞선다.

지금도 우리들의 손, 발, 눈, 입, 머리는 AI의 명령에 따라 거머리의 빨판에 사로잡혀 붉은 피를 빨아 먹히고 있다. 스스로 날카로운 촉수가 되어 충실한 더듬이가 되어 가고 있음이렷다.

핸드폰을 오장육부인 양 밤낮으로 들고 다니면서 손으로 밀고 눈으로 쳐다보고 입으로 떠든다. 핸드폰과 컴퓨터의 네모난 화면에 마음을 온통 빼앗긴 채 쉴 새 없이 검색한다. 그러다 원하는 것을 찾아내면 꽉 찬 주차장에서 빈자리 하나 찾아낸 듯 즐거워한다. 이것은 중독을 넘어 새로운 기계문명에 종속되고 지배를 당하고 있다는 증거다.

낚시코에 걸리기만을 기다리는 Big Data 바구니에 날마다 생각이 달라지는 자신의 마음을 차곡차곡 담아 주고 있다. 자신만의 값진 수많은 정보를 헐값에 넘기고 있다.

AI는 태평양보다 더 큰 Big Data 저수지를 파 놓고서 내가 뿌린 정보의 씨앗들을 모으고, 요리조리 흔들어 보며 자기들 입맛에 맞게 분석해 낸다. 그리고 그 정보를 이용하여 또 다른 나의 분신을 만들어 내고 내 생각과 육신을 옭아맨다. AI는 정보에 대한 탐욕이 끝이 없으니 갈수록 게걸스럽게 흡입하면서 거대한 공용으로 변신하고 있다. 그 녀석에게도 말이 통하는 따뜻한 마음이 있으면 좋겠다.

난치병은 많은 사람에게 알리고 소문을 내야 한다. 그래야 명의名醫를 만나고 더 좋은 치료 방법을 찾아낼 수 있다. 나쁜 정치인도 마찬가지다. 그렇지 않으면 다음 선거에서 솎아 낼 수 없다.

문제가 있으면 말을 해야 한다. 말하지 않으면 해결책을 쉽게 찾을 수 없다. 아프면서 아프다고 말하지 않으면 어느 누가 알아서 치료 방법을 일러 주겠는가? AI조차도 내가 가만히 앉아 있으면 가져갈 정보가 하나도 없게 된다. 그러면 잘못된 정보로 나를 평가하게 된다. 오진誤診이 일상화되면 나의 병을 제대로 치료할 수 없게 되는 것이다.

다른 사람과 무엇이든 공유하기 위해서는 발품을 팔고 서로 만나야 하고 소통을 해야 한다. 심혈을 기울여 개발한 훌륭한 상품을 창고에만 쌓아 놓으면 누가 그 상품을 알고 누가 그 상품을 사려 하겠는가.

매력 넘치는 자신도 마찬가지가 아닌가. '나'를 마케팅해 보자. '나의 꿈'을 팔아 보자.

다른 사람들에게 꿈을 많이 팔수록 그 꿈을 이룰 수 있다는 희망도 함께 커질 것이다. 강강술래는 혼자서 추는 춤이 아니듯 큰 꿈을 이루기 위해서는 함께 어울리는 사람이 필요하다.

아름다운 꿈은 자신의 노력만으로는 이루어 내기가 쉽지 않다. 인연을 맺고 있는 수많은 사람의 노력과 응원과 기도와 염려가 응집되어야 한다. 보이지 않는 곳에서 상상할 수 없을 정도로 수많은 도움을 주고받는 것이다. 그러니 자신의 꿈을 다른 사람과 공유하자. 그리고 '나'만의 생각과 다른 사람의 생각을 비교해 보자. 때로는 착한 친구들의 머리를 빌려 보자.

다른 사람에게 자신의 꿈을 이야기할 때마다 꿈을 이루는 방법은 기하급수로 늘어날 것이다. 이 얼마나 효율적이고 기분 좋은 일인가. 자신의 꿈만 이야기하는 것이 아니라 상대의 꿈에 대해서도 들어 주고 그 꿈을 이루는 방법을 함께 찾아 주어야 한다.

그래야 '너와 나의 꿈'이 모두 소중하게 된다. 서로의 꿈을 이루는 방법도 품앗이가 가능할 것이다. 꿈은 말을 통해 세상 밖으로 나온다. 그러니 이루고 싶은 꿈은 큰 소리로 말하자. 혼자서 줄다리기 시합을 하지는 말자.

만나면 맛나다

　혀끝이 껄끄러운데 뭐 맛있는 거라도 있을까? 이리저리 둘러보고 찾아보아도 쑥만 한 게 없지 않나 싶다. 그 쑥이라도 만나야 입맛이 돌아오려나 보다. 구부렁 논두렁 꾸부렁 밭두렁에서 한 바구니 캐고 보니 그 옆에 달래도 보인다.

　해쑥은 묵은 된장으로 국을 끓여야 맛이 있으려나. 생쑥은 찹쌀과 함께 쑥버무리를 해야 하려나. 여하튼 쑥을 맛있게 먹으려면 된장과 짝꿍이 되든지 찹쌀과 궁합을 맞추어야 한다. 캐낸 쑥의 쌉싸래한 맛을 건지려면, 씻어서 말리거나 삶아서 잘 말려 두면 그나마 오랫동안 보존하고 한겨울에도 맛있게 먹을 수 있다.

　그나저나 봄 구경 나온 나물들은 다른 양념 재료를 만나야 맛난 반찬거리가 된다. 사람도 짝꿍을 잘 만나야 맛난 인생을 즐길 수 있지 않겠는가. 혼자서는 아무것도 이룰 수 없고, 아무 맛도 낼 수 없지만, 누구를 만나느냐에 따라 인생이 바뀌고, 다른 사람의 입맛을 사로잡을 수 있을 것이다.

어떤 재료든지 마음씨 좋은 명인의 손을 만나 잘 버무려져야 제맛이 나고 맛나다. 좋은 친구를 만나야 인생이 즐거운 것도 이와 다를 바 없다.

봄이 되니 여기저기 야외 행사가 많아지고 있다. 얼마 만인가 하면서 그동안 미뤄 왔던 축제 등의 행사가 비 온 뒤 죽순 솟아나는 듯 제방의 봇물 터진 듯 사방 천지가 요란스럽다. 그런 행사장 주위로는 먹음직한 음식을 산더미로 쌓아 놓고, '언제 오나 그리운 님'을 손꼽아 기다린다.

행사를 주최한 사람들은 찾아오는 참가자들의 손을 맞잡고 다정한 눈빛을 나누고 서로 달콤한 입맛을 다신다. 준비한 음식도 누군가가 찾아와서 먹어 줘야 기분이 좋다. 맛있게 먹으려면 마음 맞는 친구를 만나야 한다. 들어 봐야 가락을 알고, 먹어봐야 맛을 알 수 있는 것처럼, 사람도 만나 봐야 인품이 있고 없고를 알 수 있을 것이다.

과연 다른 사람을 만나면 맛난가? 말이 통하는 친구를 만나면 똑같은 밥을 먹는데도 맛도 좋고 먹는 양도 많이 늘어난다. 먹는 사람의 배는 똑같은 배인데 들어가는 양이 어찌 두 배로 차이가 날까? 친구의 아름다운 마음이 식욕을 두 배로 늘어나게 하는가 보다. 거꾸로 껄끄러운 상대를 만나면 식욕이 팍팍 줄어든다. 마음이 통하는 친구를 만나서 서로의 입맛을 맞추어 가는 것이 맛있는 인생임을 증명하고 있다.

필자도 이제 국가에 부담을 지우고 젊은이의 짐이 되는 나이가 되었다. 하지만 세 번째 스무 살이 아닌 네 번째 스무 살이 되어도 언제 어디서나 마음이 통하는 사람, 나를 알아주는 사람을 만날 수 있다면 더 행복하고 더 찰진 인생이 될 거라 믿는다.

내가 잘나 잘난 인생이 아니고, 나보다 더 좋은 친구를 만났기에 이렇게 맛있는 인생을 살고 있다고 생각하면 마음이 편하다. 잘난 인생

멋진 인생은 궁합이 딱 맞는 사람을 만나는 것에서 시작한다.

어느 식당에서 사장님 보고 다진 매운 고추 좀 달랬더니 해장국이 소금 소태 된다고 주지 않는다. 꼬꿉쟁이 사장님은 짠 말이 아닌 구수하고 배려하는 맛있는 말을 정녕 잊었단 말인가. 저리 아깝게 장사하면 들어오는 손님의 마음이 모두 소금 소태 되는 것 아닌가?

〈나는 너를 만나야!〉라는 노랫말을 소개한다.

"나는, 너를 만나야 살맛이 난다. 주인을 잘 만나야 행복하지.
매운 마늘 씹어 흘리는 눈물, 매운 고추 씹어 흘리는 눈물,
매양 같은 눈물이라 말하지 마라. 속 쓰림에 차이가 크더이다.
술 한 방울 남았다고 아까워서 다 마시고 비틀비틀,
마늘 한 쪽 남았다고 아까워서 씹어 먹다 눈물 눈물
너, 너를 홍보는 것은
매운 마늘 씹는 것, 매운 고추 씹는 것, 눈물 씹는 인생이야
속이 속이 쓰려, 맘이 맘이 애려
나는 너를, 나는 너를 만나야 정말 살맛 나는 인생이야."

맑은 봄 햇살로 머리카락 말리려 했더니 빈 머리통만 바삭바삭 말렸는가 보다. 생각도 마음도 삭신도 모두 푸석거린다. 들풀은 바람에 드러눕고, 갯미역은 파도에 흔들거리고, 봄 처녀는 아지랑이에 바람이 나고, 사람은 그리움에 익어 간다. 다른 사람이 흘린 부스러기를 나눠 먹고 사는 것, 그것 또한 인생이렷다.

말ᆯ에 향기를 입히다

　지란지교芝蘭之交는 《명심보감明心寶鑑》〈교우交友〉편에 나오는 문구다. 지초芝草와 난초의 향기롭고 고상한 사귐이라는 뜻이다.
　원문을 더 살펴보면, '공자孔子'는 "선한 사람과 함께 있으면 지초와 난초가 있는 방으로 들어가는 것과 같아서 오래되면 향기를 맡지 못하니, 그 향기에 동화되기 때문이다子曰 與善人居 如入芝蘭之室 久而不聞其香 卽與之化矣. 선하지 못한 사람과 함께 있으면 마치 절인 생선가게에 들어간 것과 같아서 오래되면 그 악취를 맡지 못하니, 또한 그 냄새에 동화되기 때문이다與不善人居 如入鮑魚之肆 久而不聞其臭 亦與之化矣. 붉은 주사를 가지고 있으면 붉어지고, 검은 옻을 가지고 있으면 검어지게 되니, 군자는 반드시 함께 있는 자를 삼가야 한다丹之所藏者赤 漆之所藏者黑 是以君子必愼其所與處者焉"라고 하였다.
　공자의 말씀처럼 향기로운 사람이 곁에 있으면 향기로운 냄새가, 생선에 절인 사람이 곁에 있으면 생선 절인 냄새가 난다는 것이다. 주변에 지초와 난초처럼 향기로운 사람이 많으면 향기로 물들 것이고 소인

배들이 많으면 썩은 냄새로 물들 것이다. 몸에 찌든 냄새만으로 다른 사람들에게 영향을 주는 것은 아니다. 입에 밴 말에 따라 낚싯밥에 고기가 몰려들 듯 다른 사람들이 몰려오기도 한다.

역경易經 계사상전繫辭上傳에서 금란지교金蘭之交라는 말이 유래하였는바, "군자君子의 도는 나가서 벼슬을 하거나, 물러나 집에 있거나, 침묵을 지키거나, 말을 할 때, 두 사람이 마음을 하나로 하면 그 날카로움이 쇠를 끊고, 마음을 하나로 하여 말하면 그 향기가 난초와 같다.子曰 君子之道 或出或處 或默或語, 二人同心 其利斷金 同心之言 其臭如蘭"라고 하였다. 서로 다른 마음을 품고 살아가는 두 사람이 어찌 한마음이 될 수 있을까. 하지만 한마음이 되어 말을 한다면 난향과 같이 향기롭다고 일러 준다.

길을 걷다 보면 유난히 많은 개미들이 모여 있는 곳이 있다. 빵부스러기이거나 바짝 마른 벌레의 다리 조각들에 수백 마리의 개미가 달라붙어 있다. 단물을 빨기도 하고 잘게 나누어 먹기도 한다. 이들을 한곳에 불러 모으는 힘은 어디에서 나올까? 흙먼지 속에 숨어 있는 먹을거리를 어찌 찾아낼 수 있을까? 이는 배고픔의 힘이 아닌 냄새의 힘이 아닐까?

유난히 사람들을 잘 모이게 하는 이웃 사람을 볼 수 있다. 겉모습을 보아서는 평범한 사람처럼 보이지만 밝은 표정이나 말하는 태도가 남과 다르다. 말에 단내가 나고 인품에 향기가 나니 그 주변으로 사람들이 몰려드는 것이다. 그는 향기 있는 사람이다. 만나면 반갑고, 만나지 못하면 보고 싶고, 만날수록 정이 드는 사람이다.

코로 맡을 수 있는 냄새가 아니다. 그 사람의 말과 행동으로부터 자연스럽게 나오기 때문에 눈으로 보고 마음으로 느낄 수 있는 것이다. 겸손한 언행, 타인을 배려하고 존중하는 마음씨는 좋은 향기의 원천이 된다.

근주자적近朱者赤, 붉은 것을 가까이하면 자기 스스로도 붉게 물든다는 것으로, 먹을 가까이하면 검게 물든다는 근묵자흑近墨者黑과 비슷한 뜻이며, 근주필적 근묵필치近朱必赤 近墨必緇라고도 한다.

중국 서진西晉의 문신이자 학자인 부현傅玄(217~278)이 편찬한 《태자소부잠太子少傅箴》에 실려 있는 다음 구절에서 나온 성어이다. '붉은 색을 가까이하는 사람은 붉은색으로 물들고 먹을 가까이하는 사람은 검어진다. 소리가 고르면 음향도 맑게 울리고 형상이 바르면 그림자도 곧아진다近朱者赤 近墨者黑 聲和則響淸 形正則影直.' 좋은 친구를 사귀거나 좋은 환경에서 생활하면 좋은 영향을 받고, 나쁜 친구를 사귀거나 나쁜 환경에서 생활하면 좋지 않은 영향만 받는다는 말이다.

삼인성호三人成虎라는 말이 있다. 세 사람이 거짓말로 없는 호랑이를 만들어 낸다. 나는 거짓이라고 주장하는데 다른 사람들이 몇 차례 우기면 거짓이 참이 되고 참이 거짓으로 둔갑할 수 있다. 다른 사람들이 자신을 늙은이 취급하면 스스로 늙은이가 되어버린다.

건강한 사람이 갑자기 환자로 변하고 젊은 사람이 갑자기 늙게 되는 것은 다른 사람들의 말을 듣고 자신이 그렇게 반응을 하기 때문이다. 내가 그렇게 아픈가, 내가 그렇게 늙었는가 하는 생각이 자신의 뇌를 지배하면 결국 아프지 않고 늙지 않고 견뎌낼 수 있겠는가? 다른 사람들이 나쁜 사람이라고 말하면 나쁜 사람이 되는 것이고 훌륭한 사람이라고 말하면 훌륭한 사람이 되는 것이다.

이처럼 다른 사람의 인생을 성공으로 이끌 수도 타락으로 이끌 수도 있는 것이 자신이 하는 말이다. '나는 아닌데.'라고 말하고 싶은가요? 우리도 만나는 사람들을 무의식적으로 등급을 매긴다. 다른 사람들이 평가하고 있는 사람을 자신이 평가하고 있는 수준으로 만들어

내곤 한다. 왜냐하면 자신의 생각은 언제나 옳다고 믿기 때문에 자신이 평가하는 다른 사람은 결코 자신의 평가 범주를 벗어날 수 없다고 생각한다.

　다른 사람을 여차저차 평가한다는 것은 결국 자신이 그 사람에 대하여 평가하는 말을 밖으로 끄집어낸 것에 불과할 수도 있다. 그러므로 다른 사람에 대해 나쁘게 평가할 필요는 없다. 말에 향기가 있어 나쁠 것은 하나도 없는 것이다. 그러니 무조건 좋은 말 예쁜 말 향기로운 말로 감싸 주어야 한다.

　다른 사람의 말이 나를 그렇게 만들듯이 나의 말이 다른 사람을 또한 그렇게 만든다는 것이다. 향기로운 말은 향기로운 사람을, 악취를 풍기는 말은 악취 나는 사람을 만들어 낸다. 내가 좋은 말을 더 많이 하면 다른 사람은 나쁜 말을 덜 듣게 된다. 내가 나쁜 말을 더 많이 하면 다른 사람들은 좋은 말을 덜 듣게 된다.

　사람들이 싸우면서 하는 말을 들어보면 대부분 자기보다 낮은 수준의 사람으로 만들려고 애를 쓴다. 그래서 갈수록 더 천박하고 수준 떨어지는 나쁜 말들을 꺼낸다. 한 대 맞으면 두 대를 때리고, 두 대를 맞으면 세 대를 때리고 싶은 것처럼, 상대로부터 무시당하는 말을 들으면 그보다 훨씬 더 세게 보복을 하고 싶은 것이 사람들의 마음이다.

　말싸움하다 주먹다짐이 되고, 어린애들 싸움이 어른들 싸움이 되는 경우가 그렇다. 말도 품앗이다. 자신의 생각, 자신의 말로 살아야 한다고 하지만 대부분 남의 생각, 남의 말로 살아간다. 좋은 평가, 좋은 대접을 받고 싶으면 다른 사람에 대해 좋은 평가를 먼저 해 주면 된다. 인생은 Give & Take다. 먼저 베풀고 나중에 돌려받는 것이 맞는 순서다.

　꽃의 향기가 퍼져 가는 길을 눈을 부릅뜨고 따라가 보았는가? 꽃이 피어나는 소리를 귀를 활짝 열고 들어 보았는가? 말에 향기가 있고 인품에 향기가 흐르는 사람을 닮아 보려 했는가? 아름다운 추억을 아지랑이처럼 피어나게 하는 예쁜 꽃을 얼마나 자주 상상하는가? 좋은 생각이 많으면 좋은 생각이 늘고, 나쁜 생각이 많으면 나쁜 생각이 많아진다.

목재를 대패질하고 그 목재에 자개를 붙이고 예쁜 모양을 새겨 넣고, 그림을 그리고, 장인의 손, 명장의 손을 보태면 결국 그 목재는 명품으로 거듭난다. 평범한 사람도 말에 향기를 입히면 명품 인재로 거듭날 수 있다.

불교에서 말하는 십악十惡은 몸과 말과 뜻으로 짓는 열 가지 죄악을 뜻한다. 살생殺生. 투도偸盜. 사음邪婬. 망어妄語. 악구惡口. 양설兩舌. 기어綺語. 탐욕貪欲. 진에瞋恚. 사견邪見을 일컫는다.

이 중에서 입이나 말을 통한 악행이 4가지나 된다. 妄語(거짓말이나 헛된 말), 惡口(남을 괴롭히는 나쁜 말), 兩舌(이간질하는 말), 綺語(진실이 없는, 교묘하게 꾸민 말) 등이 있다. 말에 향기가 있어야 선행이 가능하다.

들어서 기분 좋은 말, '정말 잘했어.' '와! 너 짱이네.' '넌 웃는 게 좋아 보여.' '잘 지내.' '행복하자.' '사랑해.' '수고했어.' '역시 자네가 최고야.' '이번 일은 자네 덕분에 잘 끝났어.' '괜찮아 실수할 수도 있어.' '오늘 내가 한잔 살게.' '그런 인간적인 면이 있었군.' '내가 뭐 도와줄 건 없을까.' '그래 자네를 믿네.' '잘될 거야.' 이런 말을 들으면 더 잘해 보려는 욕망이 솟는다.

밥 한 끼 먹자고 찾아온 친구에게 시간 없다는 핑계를 대며 매몰차게 되돌려 보내지는 않았는지, 함께할 시간을 공동으로 투자하고 싶어 하는 친구에게 나의 시간만 소중하다고 외치지는 않았는지 되돌아본다. 도도히 흐르는 인생의 강에서 징검다리를 나 혼자 건너려 떼를 쓰고 있는 것은 아닐까? 그냥 말을 하고 싶어서, 말이 그리워서 홀로 지내는 시간을 멈추어 보고 싶어서 찾아온 사람에게 너무 매몰차게 굴지는 않았는가?

두 발로 걷고 뛰어다닐 수 있는 나는 외발로 위태롭게 다니는 사람들에게 많은 것을 양보하고 있는가? 부는 바람이라고 골방에 갇힌 퀴퀴한 냄새를 좋아할까? 그래도 말없이 방 한 바퀴 돌면서 찌든 냄새는 가져가고 새롭게 향기로운 바람을 넣어 준다.

봄날의 향기를 닮아 가는 내 모습을 상상해 본다. 똥 밟은 신발에는 똥파리가 모일 것이고 꽃등 이고 걸어왔으면 꽃나비들이 모여들겠지요. 첫날밤의 달콤한 키스를 꿈꾸며….

맛있는 말

 배가 고프면 무의식적으로 먹을 것을 찾듯, 당 떨어진 마음에는 맛있는 말이 필요하다. 맛있는 말이란 무엇일까? 말을 맛있게 한다는 의미는 무엇일까? 주변국에서 전쟁이 발발하여 원자재 가격이 폭등해서 가스레인지 꼭지를 꽁꽁 잠가 놓은 듯 새지 않는 머릿속을 통통 두들겨 본다. 가야금 열두 줄 소리는 쾌활한데, 내 머리는 왜 이리 둔탁한가.
 맛있는 음식은 생각만 해도 군침이 돈다. 그 순간 식욕은 왕성해진다. 그러니 어떤 음식이 차려지더라도 맛이 있을 수밖에 없다. 그렇다, 맛있는 말이란, 그 아련한 추억에 묻힌 엄마의 마음, 할머니의 정성이 생각나고, 그 말을 듣는 순간 침샘이 활발하게 움직이고, 어머니에 대한 사랑, 할머니에 대한 그리움이 존경이라는 마음과 함께 울컥 솟아나야 하는 것 아니겠는가? 학교 갔다 돌아오는 자식을 기다리는 밥 내음, 살랑살랑 콧등에 올라타는 느낌이 좋다.
 『맛있는 말, 한입 잡숴 봐 U!』라는 책에는 우리가 늘 사용하는 말 중에서, 그래도 찰지고 감칠맛 나고 맛있다고 생각하는 말들이 모여 있다. 이 책을 읽다 보면 그냥 미소가 지어지고 마음이 포근해지고, '나도 이런 말 한마디는 할 줄 아는데.' 하는 자신감이 생길 것이다. 진실한 마음은 강한 믿음을 동반한다. 믿고 의지하는 사람이 곁에 있으면 무엇이 두려울까.

내 입술을 통한 맛있는 말 한마디가 악의 그물에 걸린 수많은 사람의 마음을 행복의 바다로 인도할 것이다.

가시 달린 말은 매운맛이 진하고 찔리면 아프다. 사랑 달린 말은 달콤한 맛이 강하고 서로 차지하려 한다. 말을 이쁘게 하는 사람은 마음도 이쁠 것이다. 다른 사람의 마음을 예쁘게 보려 하니, 말 또한 예쁘게 나올 것이다. 그러면, 이웃 간에 적이 없는 것은 당연하리라.

80세를 훌쩍 넘긴 홀로 사시는 손윗동서가 시골에서 집을 새로 지으며, '자네 몫으로 방 한 칸 더 넣었으니 언제든지 와서 쉬어 가시게.' 하는 말을 듣는 손아랫동서의 마음은 어떠했을까? '마음이 예뻐야 여자'라는 유행가 가사도 있지만, 마음이 고우면 세상 모든 것이 좋게 보인다. 말은 마음을 드러내는 것이기에 마음이 고우면, 말은 필연적으로 곱게 나오게 되어 있다.

귀한 말, 귀한 생각이 자신을 귀하게 만든다. 천한 말, 천한 생각이 자신을 천하게 만든다. 맛있는 말에 혀가 행복하고, 따뜻한 말에 마음이 머문다. 삭은 홍어의 톡 쏘는 그 맛, 막힌 콧구멍을 뻥뻥 뚫는다. 아랫목 굽은 시렁에 매달린 메주 한 덩어리, 맛있게 익어 가는 하얀 곰팡이와 밤새 씨름을 하고 있다.

시집 사람들이 내뱉는 말에는 모두 방부제가 들어 있다고 귓구멍을 야무지게 틀어막지는 말자. 다른 사람을 향해 쏘아 올린 화살이 자신의 가슴을 향해 달려올 수도 있다. 시집도 살다 보면 모두 내 집이 된다.

말에도 맛이 있다. 입맛 떨어지는 말보단 감칠맛 나는 말을 하자. 자식들이 외식하자고 하면, 군말하지 말고 따라나서자. 그리고, 무조건 '맛있다', '고맙다'라고 말하자. 내 입맛에 맞지 않는다고 '이런 것도 돈 주고 사 먹냐.'라고 하면 '갑분싸' 된다.

자식들이 애써 벌어 온 돈 기분 좋게 쓰려는데 화끈하게 칭찬해 주자. 헛돈 썼다는 생각이 들게 하면 나중에는 국물도 없기 마련이다. 혹여 마음이 조금 불편해도 '맛있게 잘 먹었다.', '세상에는 이렇게 맛있는 것도 참 많구나.'라고 말해 주면 자식들이 자주 찾아와서 맛있는 것 더 많이 사 줄 것이다. '먹을 것이 지천인데 내 입맛에 맞는 게 하나도 없네.', '배부른데 이런 걸 왜 먹어?'라고 말하면 다음에는 찾아오지도 않을뿐더러, 오히려 맛있는 음식 한 상 차려내라 할 것이다.

상대를 빛나는 별로 만들어라

나의 '예쁜 말 예쁜 미소'로 상대를 빛나는 별로 만들면 그 별빛이 나의 앞길을 비춘다. 상대를 빛나는 주연 배우로 만들면 그를 바라보는 수많은 사람의 상서로운 기운이 나의 배고픈 조연 배우 시간을 줄여 줄 것이다.

한평생 남편하고 잘 살고 있으면서 이것이 '극한 직업'이라 불평하는 부인은 진짜 빛나는 별을 보지 못한 것이다. 부인과 지금까지 잘 살고 있으면서 '극한 자비'를 베풀고 있다고 불만을 토로吐露하는 남편도 매양 다를 바 없다. '남편바라기' '부인바라기' 중 어느 한쪽이 갑자기 떠나버린다면 마음속의 별은 두 개가 함께 지는 것이다.

짝을 이루고 산다는 것은 서로의 부족한 점을 채워 주고, 어두운 길 넘어지지 않도록 서로를 비춰 주며 사는 것 아닌가?

일등 상품을 수확하고 싶거든 이웃에게도 일등 상품에 버금가는 씨앗을 나누어 주어야 한다. 그렇지 않으면 내가 재배하고 있는 땅에 주변에서 자란 쭉정이 같은 허접한 것들이 끼어들어 나의 상품 가치를 떨어뜨리게 된다. 그러면 품평회에서 결코 일등 상품으로 평가받지 못하게 된다.

사람 관계도 마찬가지가 아닌가? 내 친구를 일등으로 만들면 나도 그 옆에서 점차 일등이 되어 가는 것이다. 함께 높아지는 것이다. 내가 상대를 낮추면 상대도 나를 낮춘다. 서로 낮아지는 것이다. 상대를 높여 준다고 자신이 낮아지는 일은 결코 없다. 높아지는 삶을 살고 싶다고 말하는 사람은 많은데 서로 높여 주는 것에는 인색하다.

그래서 다른 사람들에게 인정을 받는 사람은 드물다. 앞서가는 사람 잡아당겨 나와 같은 수준으로 만들면 내가 앞서가게 되는 것일까? 누군가를 밑으로 끌어내려야 내가 더 잘나 보이게 되는가? 끌어당겨지고 내팽개쳐진 상대는 그저 가만히 있겠는가?

인정사정없이 뒤도 돌아보지 않고 나를 잡아당기고 나를 후려 팰 것이다. 상대를 낮게 하면 내가 잠시 높아질 수는 있지만 금방 낮아진 나의 모습을 어디에서나 쉽게 확인할 수 있다.

잘난 척 홀로 뛰면 쉽게 지친다. 함께 걸어가야 안전하게 더 멀리 간다. 여러 사람이 함께 있을 때 상대를 높여 주면 그 주변에 있는 사람들이 자신에 대한 평가를 좋게 한다.

내가 앞서서 다른 사람의 발걸음 앞에 빛을 놓아 준다면 나도 빛나는 스타가 되는 것이다. 사람은 혼자서는 살 수 없다. 어울리면서 서로의 어두운 곳을 밝게 비추며 살아간다. 별들도 홀로 빛나면 힘이 없고 외롭다. 그러니 그들도 밤이 되면 합심해서 떼를 지어 빛을 뿜어낸다. 어둠을 밀어내는 빛은 모일수록 더 강렬하게 빛난다.

친구를 비추는 따뜻한 빛을 가리지 말자. 그 그림자가 돌아서면 나를 가리게 된다. 서로에게 따뜻한 등이 되어 주면 추위를 느낄 틈이 없을 것이다.

어둠을 밝히는 별은 왜 어둠이 필요할까? 외로움이 살짝 풀리다 다시 꼬이면 별꽃으로 피어나는가? 홀로 익어 가는 그리운 마음, 다른 사람이 훔쳐볼까 밤에만 피는 야화夜花, 그 별은 나 혼자만 찜하고 바라볼 수 있도록 다른 사람들이 잠든 밤에만 빛난다. 그러다 만인萬人이 그리우면 반짝반짝 꼬리를 흔들며 저 높은 하늘로 올라간다. 그리고 어둠을 밝히는 스타가 된다.

까만 밤으로 물든 하늘에서 밝은 빛으로 대중의 마음에 등불을 밝혀 주는 사람을 우리는 스타라 부른다. 우리도 마음 한구석에 별을 품고 살고 있기에 언제 어디서나 밝게 빛나는 별이 될 수 있다. 대중이 우러러보는 스타가 될 수 있다. 별은 한 사람만의 소유가 아니다. 대중大衆의 공유물인 것이다.

사람이 태어나는 순간 그 마음속에 별을 품고 있기에 새로운 별이 뜨는 것과 다를 바 없다. 다른 사람들을 위해 헌신과 봉사를 마다하지 않으면 더 큰 별이 된다. 말이나 글로써 세상 사람들의 마음을 일깨우고 어루만져 주는 사람도 큰 별이라 한다.

그런 사람이 돌아가시면 큰 별이 떨어졌다고 한다. 그분들이 남긴 혼불은 별이 되어 별똥으로 떨어질 때 꼬리를 길게 드리운다. 그러나 내 소원을 그 꼬리 등에 태울 시간조차 허락하지 않는다. 눈 깜박할 사이에 사라진다. 그러니 아쉬움이 더 길게 이어진다.

수많은 인공위성도 별 행세를 하며 우주를 돌아다니고 있다. 초저녁 서쪽 하늘에 유난히도 밝게 빛나는 별을 보고 어! 저 별은 무슨 별이지? 교과서에도 나오지 않은 별인데 하면서 별인가 위성인가 갸우뚱하며 바라본 적이 있다. 밤이면 내 발등을 비추고 있는 저 가로등도 별이라 할 수 있는가? 그렇게 홀로 빛나는 별은 누구의 마음을 기다리고 있는 것일까?

이렇게 또 하나의 봄을 새긴다

　겨울을 떠나보내기 싫어하는 바람이 차가운가 따뜻한 봄을 맞이할 마음이 차가운가? 아직도 추위를 타는 사람들이 많은 듯 두툼한 옷을 입고서 갓 피어난 봄기운을 마시려 듬성듬성 모여든다. 진눈깨비도 혼자 내리면 외롭다고 눈과 비가 섞여 어깨동무하고 내린다.
　겨우내 쌓인 얼음벽은 중년의 뱃살만큼이나 두껍다. 봄볕에 조금은 얇아지고 있으나 어린아이가 천천히 빨아 먹는 단단한 사탕처럼 좀체 줄어들지 않는다. 하루 굶었다고 하루 녹았다고 얼마나 두드러지게 표시가 날까만, 시절의 변화는 병원에 설치되어 있는 엑스레이 촬영장의 묵직한 차폐막遮蔽幕조차도 뚫고 온다. 그 누구도 막을 수 없는가 보다.
　사람들의 허술한 마음 틈새를 파고드는 세월 무상의 허전함은 무엇일까? 하루하루가 그날이 그날인 듯하나 돌아보면 어느새 한 달이고 한 해가 지나가고 있음이다. 누가 시간에 금을 긋기 시작했을까? 인생이라는 시간을 그냥 한 통에 담아 놓으면 어떠했을지 한가로운 봄맛을 삼키며 시시각각 변화는 들판을 향해 상상의 무대를 펼쳐 본다.

냉이는 냉이대로 달래는 달래대로 약쑥은 약쑥대로 돌미나리는 돌미나리대로 두릅은 두릅대로 고개를 내민다. 나도 향기로운 봄맛 좀 보자고 고개를 빳빳이 쳐든다. 누가 누구를 맛보겠다는 것인지 알 수 없지만, 너른 들판과 산등성이를 푸르게 붉게 물들이고 있다. 각자가 가지고 있는 독특한 색깔과 향내로 자신이 살아 있음을 세상에 알리고자 좁은 땅 비집고 고개를 쳐드는데 무슨 수로 막을꼬.

　시간은 누구에게나 대체 불가한 공평한 자산이다. 누구에게도 빌려 줄 수 없고 누구에게서 빌려 올 수도 없는 아주 특별한 것이다. 철저하게 고독하게 '내 시간'의 주인으로 오로지 '나의 삶'을 사는 것이다. 그 자산으로 자신만의 별을 만들고, 그 별이 비추는 대로 자신의 인생을 이끌어 가는 것 아니겠는가.

　나이가 들어갈수록 시간은 급하게 흐른다. 강물은 강폭이 너른 곳에서는 쉬엄쉬엄 흐른다. 그러나 폭이 조금씩 좁아지면 물살이 빨라진다. 오르막이 아닌 내리막인 곳에서는 더욱 빨라진다. 산을 오르다 보면 오르막에서는 숨이 차오르고 내리막에서는 조금은 느긋하고 차분해진다. 우리네 삶은 강물을 닮는가, 산 타기를 닮는가?

　오늘이라는 시간이 주어지면 자신만의 길을 새롭게 열어 가야 한다. 새로운 별을 찾아 헤매기보단 자신이 가지고 있는 별을 더 아름답게 만들어야 한다. 그것이 남은 삶의 여정에 진정 어둠을 밝히는 횃불을 찾는 것이요, 다른 배와 부딪힘을 피하게 하는 등대지기를 찾는 길이다. 별을 가진 사람의 삶은 먼 미래의 길잡이인 나침반을 들고 나아가기에 무작정 달리는 사람과는 분명 다를 것이다.

　별을 가진 삶은 또 다른 내일을 향해 발돋움할 수 있을 것이다. 마음속에 빛나는 별을 품자. 그 별이 어디로 인도할지는 알 수 없지만 좋은 곳으로, 밝은 곳으로, 아름다운 곳으로 데려갈 거라 믿어 보자. 그 별이 꺼지지 않는 발광체로 거듭나게 해 보자.

삶이란 본디 관객이 되어 구경하는 게 아니라, 주인공이 되어 실천하며 살아가는 것이다. 그렇게 애쓰는 사람은 결국 어떤 식으로든 삶을 자기 것으로 만들어 낸다. 별이 쏟아내는 형형색색形形色色의 빛에서 자신만의 독특한 에너지를 찾아내고 이 세상에서 단 하나의 특별한 빛으로 조각해 내는 것이다. 그것이 자신만의 삶인 것이다.

밤하늘을 수놓는 수많은 별도 그들을 키우고 보살펴 주는 각각의 주인이 따로 있음을 말해 무엇 하랴.

'다른 사람들의 슬픔을 덜어내고 기쁨을 더해 주는 일'은 곧 미소 짓고 웃어 주는 일이다. 자신의 별을 웃는 별로 만들어야 하는 이유인 것이다. '예쁜 말 예쁜 미소로 세상을 환하게 이웃을 편하게' 하는 그런 반짝이는 별. 오작교를 자유로이 건널 수 있도록 쌍무지개를 세울 수 있는 아름다운 별이 줄을 서면 좋겠다.

내일 쌀 똥까지 미리 가불假拂해서 싸 버리는 가련한 인생은 피하고 싶다. 봄이 아장아장 오는 둥 마는 둥 팔짝팔짝 뛰는 둥 하다 여름으로 직권 회부職權回附당하고 있음이다. 붉은 진달래가 만개하기도 전에 여름 손님이 먼저 오려 하니 저물어가는 석양도 달음박질로 뛰는구나.

해야 할 일은 더 열심히 하고, 하지 말아야 할 일은 깊이 삼가면, 내려다보고 있는 큰 별의 마음도 가벼울 것이다. 오다 만 봄이여 달갑잖은 여름이여. 새봄의 향기를 아직 지치도록 누리지 못하였으니 아름다운 시절을 서둘러 재촉 마오.

핸드폰 속에 갇힌 봄을 캐내자

　네모난 액정 사이로 봄이 슬그머니 왔다 가나 보다. 모시 바지에 바람이 빠지는 것도, 덤불쑥이 들판을 온통 쑥대밭으로 만들고 있어도, 꽃내음이 콧속을 들락거리다 아지랑이 타고 저 멀리 떠나가도 전혀 알아차리지 못하고 있다. 아름다운 선물을 주고자 대문 앞에 서성거리며 초인종을 수십 번 눌러도 꼼짝도 대답도 하지 않는다. 귀찮으니 문 앞에 그냥 놓고 가라는 듯 그저 핸드폰 모니터에 머리를 처박고 있을 뿐이다.
　귀한 선물도, 따뜻한 봄도 그렇게 떠나보내고 있다. 할머니 치맛자락에 실려 후다닥 지나가 버린다. 산 너머 바다 너머로….
　너른 들판을 두고서 왜 굳이 손바닥보다 좁은 핸드폰 속에 봄을 가두고 있는가. 갈수록 작아지는 눈도 피곤하다고 불평불만이 많다. 쉬어야겠다고 눈을 감으면 눈곱이 덕지덕지 흘러내린다. 액정 속의 아름다운 요정이 아른거려 눈을 감아도 감은 게 아닌가 싶다.
　오르락내리락 요동치는 민심의 그래프가 사납게 날뛰지만 무거운 엉덩이는 주춧돌에 눌린 듯 꼼짝달싹 않는다. 지금 당장 지친 눈을 모니터 밖으로 꺼내와 연둣빛 새싹을 보게 하자. 봄꽃을 보게 하자.

눈앞에 도도하게 서 있는 아름다운 꽃을 잠시라도 바라볼 수 없는 사람들, 오로지 핸드폰 속 정보만이 나의 앞길을 인도해 주리라 믿는 사람들, 어렸을 적엔 텔레비전에 빠지면 멍청이가 된다고 했는데 지금은 핸드폰에서 눈을 떼면 거꾸로 멍청이가 되어 버린 세상이 되었다. 내가 너를 찜했는데 감히 네가 어딜 도망가? 구닥다리 핸드폰도 최신식 핸드폰도 어쩔 수 없이 누군가의 손에 잡혀 있다.

홀딱 벗은 살찐 닭이 살고 싶다 줄행랑을 치지만 몇 발짝 도망가지 못하고 도로 잡혀 오는 형국이다. 손과 눈이 도무지 핸드폰을 놓아주지 않는다. 모니터가 뾰죽한 사각 모양이 아닌 아름다운 하트 모양도 있었으면 좋겠다. 지금쯤 모니터 속의 닭백숙은 내 입맛에 맞게 잘 익어 가고 있을까?

눈이 내리다 이슬비로 바뀌어도, 가랑비가 장대비가 되어도 도무지 핸드폰 밖의 세상은 내 알 바 아니라는 식이다. 밤낮을 잊어버린 채 부릅뜬 눈동자가 빛의 속도로 빠르게 회전한다. 혹여 누가 내 몫에 손을 댈까 철두철미 감시한다. 초점 없는 감시카메라의 찰칵찰칵 소리에 귀만 쫑긋 세운다. 그러면서 모두 빨간 토끼 눈이 되어간다. 핸드폰은 내 발의 등이요, 내 길의 빛이라 굳게 믿는다.

누가 내 영혼에 빨대를 꽂고 있는가? 최상의 포식자는 누구인가? 나는 핸드폰을 손에 쥔 부유한 노예인가? 넘치는 정보에 굶주린 주인인가? 나의 인생을 통째로 훔치고 있는 너의 정체는 진정 무엇인가? 사람들의 편리함을 위해 개발된 좋은 제품들이 더 좋은 신제품의 먹잇감이 되어 가는 세상이다. 신제품 나오는 주기가 너무너무 짧다. 나도 그 먹잇감 중의 하나가 되어 가고 있다.

내 일상의 놀이터는 병원의 침상이고, 내 영혼의 놀이터는 핸드폰의 액정이고, 내 육신의 배부름은 약봉지 속의 낱알이라 주장하고 싶은가? 배고파 우는 영혼에 채움 없이 보내버린 하루, 움직임이 텅 빈 하루를 무엇으로 채울까? 꺼림칙한 하루, 나쁜 하루를 무엇으로 씻어 낼까?

헛된 욕심에 눈만 멀어 간다. 액정 사이로 쏟아지는 수많은 정보에 파묻혀 충혈된 눈동자만이 적막 속의 밤을 깨우고 있다. 덤으로 헛배만 부르고 두툼하게 뱃살만 늘어나고 있다.

내 영혼이 왜 시들어 가나 했더니, 메마른 액정이 나의 시간을 모두 빨아가고 있기 때문인가 보다. 드라이기에 잘 말려진 머리카락처럼 머릿속도 온통 말라 버렸네. 생각도 기억도 추억도 모두 말라비틀어지고, 짝짝 금이 간 늙은 소나무 등껍질이 되어 버렸다. 핸드폰 속의 정보는 모두 나의 자산은 아닐 것이고, 더구나 나의 벼슬은 더더욱 아닐 것이다.

목소리 크다고, 뱃살 늘어난다고 다 잘난 것은 아니겠지만, 분명한 것은 손가락이 빠르면 이긴다는 사실이다.

물고기는 출렁이는 물 위에서 자유로이 유영遊泳할 수 있어야 하고, 새들은 막힘없는 창공에서 힘차게 날 수 있어야 한다. 푸석푸석한 모래 위에 던져놓으면 어디 힘을 쓸 수 있겠는가. 촘촘한 그물에 가두어 놓으면 어찌 날겠는가.

핸드폰을 품고서 물 위를 자유로이 걸을 수 있다고, 하늘을 자유로이 날 수 있다고 꿈꾸는 사람들, 물고기도 아니고 새도 아니면서 그들을 닮아 가려 하고 있다. 어쩌면 그런 세상이 올 수 있다고 굳게 믿는가 보다. 믿는 구석이 있지 않고서야 어찌 그런 생각을 할 수 있을까?

자유로운 영혼을 누가 가둘 수 있을까만, 핸드폰 속에 갇힌 내 영혼의 구원자는 누구일까?

흔한 것이 귀하다

　흔한 말이 귀해졌다. 사용하던 물건들이 여기저기 넘치면 무시하게 되고, 그러다 보면 관심 밖의 일이 되어 어느새 보이지 않게 된다. 지천으로 널려 있으면 필요할 때 언제든지 사용할 수 있다는 생각에 소중하게 보관하거나 관리하지 않는다. 항상 가까이에 있는 친한 사람을 무시하고 가족을 마구 대하는 것도 이 때문이 아닐까.
　아무렇게나 지껄여도 다 받아 주니까 존경과 배려의 말보다 툭 툭 던지는 무시하는 말이 먼저 나온다. 내심 편한 말이라 생각하고 늘 해 왔던 대로 그냥 생각 없이 내지르고 만다. 언제나 내 편이니까 하는 이기적인 믿음이 가슴 한구석에 도사리고 있음이다.
　어렸을 때 자주 들었던 그 흔한 사투리, 이제는 먼 기억 속에 묻혀 찾을 길 없다. 사용해서 닳아진 것이 아니라 내팽개쳐서 버려진 것은 아닐까. 정겨운 말들이 봄기운 올라타고서 스멀스멀 솟아 나왔으면 좋겠다. 구수한 말들, 그런 말을 해 본 기억이 없으니 귀도 혀도 자연스럽지 못하다. 근육도 사용하지 않으면 퇴화한다. 용불용설이다. 혀가

굳고 생각이 굳어 이제는 그 발음조차 어렵게 되었다. 영문도 모르고 영문과를 다녔다는 말에 웃음꽃이 필 것인가?

축약, 합성, 외래어를 뒤섞은 생뚱맞은 말이 세상을 지배하려 하니 누렇게 타 버린 장판 아랫목에 발 담그고 했던 말들이 우리말 사전에서조차 사라질까 안타까운 마음이다. 환갑이라는 단어도 칠순이라는 단어도 귀하게 들었었는데 이제는 흔하다 못해 잘 사용하지 않으려 한다. 10년을 공들여야 소통이 자연스럽다는 어느 지인의 말이 귓가에 맴돈다.

'세 번째 스무 살', '일상의 무료함에서 탈출하고자 일탈의 상쾌함을 꿈꾸고 있는 나', '나이 들어감이 무엇이고 그 느낌은 어떠한지 궁금해하는 나', '세 번째 스무 살'에 이르러 겨우 철들고 있는 나를 되돌아본다.

건널목 푸른 신호등의 남아 있는 삼각형의 개수가 줄어들수록, 핸드폰 배터리에 남아 있는 기둥 표시가 낮아질수록 눈도 발걸음도 다급해진다. 세월의 가속도가 마음을 그렇게 바쁘게 하는 모양이다.

어느 모임에서나 본인의 나이를 쉽게 드러내지 않으려 한다. 사람들의 마음이 그러하기에 지금도 다른 사람의 나이를 물을 때 '몇 학년 몇 반'이라고 묻는 경우가 더 자연스럽다.

저는 간혹 지하철 몇 호선 몇 번 출구를 이용해서 제 나이를 말하곤 했었다. 이 방법은 난이도가 꽤나 높은 편이다. 저는 ○호선의 숫자는 하나 낮추고 출구 번호에 10을 보탰었다. 환갑을 바라보면서도 '4호선 19번 출구'라 외쳤었다. 그러다 보니 없는 출구를 찾느라 고생하는 친구도 생겨났다.

웃을 일 없는 삶 속에서 한바탕 웃고 나니 기분이 개운했다. 그래서 짓궂은 친구들은 저를 보고 난잡하기 그지없는 놈이라 말하곤 했었다.

세월의 흔적이 쌓여 가도 마음만은 청춘이라 애써 말을 한다. 생각에 젊음의 피가 흐르면 세월도 조금은 비껴가리라. 젊은 세대와 자주 소통하고 공감하면 나이 들어가는 말에 주름질 시간도 없으렷다. 말을 앞세우고 가는 것이 인생이라 하였던가? '한 번 청춘은 영원한 청춘이다.' 꿈도 생각도 더 청춘답게 이끌어 보자. 오래된 것에서 새로움을 꺼내 보자.

사람과 로봇이 서로 교감하는 말들이 늘어난다. 점점 기계적 언어에 빨려 들어가는 느낌이다. 비대면의 시대가 급하게 다가오면서 인정人情도 그만큼 빠르게 마르고 있다. 이것이 설마 봄 가뭄이 서둘러 찾아오는 이유는 아니겠지요.

온라인을 통한 비대면의 양적 확대가 손을 맞잡은 따뜻한 마음을 질적으로 빈곤에 허덕거리게 하고 있다. 얼굴을 마주 보고 이야기하는 시간보다 컴퓨터 모니터나 핸드폰의 액정을 통해 만나는 시간이 더 길어지고 있다. 그래서 믿음의 중요성은 사라지고 빠른 손놀림이 친구를 사귀는 첫 번째 관건이 되는 것은 아닐까?

입이 아닌 손으로 말을 하는 시대다. 언어言語의 기본은 나의 마음속 알갱이를 입이라는 수단을 통하여 밖으로 드러낸 것인데 이제는 소리를 동반하는 말이 급격하게 줄어들고 있다. 입이 바싹바싹 마르고 있다. 아이들의 울음소리, 이제는 그 소리마저 국보급 명창이 부르는 노래가 되어 간다. 그렇게도 흔했던 그리움조차 약에 쓰려 뒤져 보니 모두 말라 버렸다.

꽃등 타고 오는 봄 향기에 취해 핸드폰만 쳐다보며 길을 걷는다. 그러다 노란 개나리꽃을 등에 업고 있는 가지에 이마를 강타당했다. 피가 나올 듯 말 듯 긁힌 자국이 선명하다. 개나리꽃도 나올 듯 말 듯 서로 견주고 있다. 담장 넘어오는 낭창낭창한 줄기, 언제부터 뭇별들이 건너는 오작교를 짓고 있었는가? 그대는 정녕 밤을 기다리는가 봄을 기다리는가?

나도 한번 해 볼까? 예쁜 말! 예쁜 미소!

　칭찬과 용기를 주는 말 한마디, 다른 사람의 인생을 빛나게 하는 햇살이 된다. 한평생 살다 보면 힘들거나 어려울 때가 있다. 그리고 내 주변의 소중한 사람들 역시 힘든 시기가 있기 마련이다. 이렇듯 서로가 힘든 시기에는 주변 사람들이 나에게 큰 응원군이 되어야 하며, 나 또한 다른 사람에게 큰 위로와 격려를 보탤 수 있어야 한다.

　온통 서로에게 눈과 귀와 입을 닫아 버린다면 함께 살아가는 다정한 '이웃사촌'이라 할 수 없을 것이다. 실의에 빠진 사람에게 해 주는 격려의 말 한마디, 슬픔에 잠긴 사람에게 건네는 위로의 말 한마디, 아픈 사람에게 속삭이는 사랑의 말 한마디는 보약보다 값진 것이고 다이아몬드보다 귀하고 귀한 것이다.

　'예쁜 말 예쁜 미소'는 굳게 닫힌 대문을 열고 이웃과 친하게 지낼 수 있는 가장 경제적이면서 가장 효율적인 소통의 도구다. 예쁜 말 예쁜 미소는 언제나 다른 사람의 마음을 평온하게 해 주는 천사이며, 그들의 마음을 열어 주는 만능열쇠인 것이다.

'말은 사람의 향기다.' 그 향기는 숨기려 해도 숨길 수 없다. 미소는 숨기는 게 아니라 다른 사람에게 지어 줄 때 비로소 가치가 있는 것이다. 더불어 사는 이웃에게 언제나 힘이 되는 말 한마디 환한 미소를 건네줄 수 있는 '우리'이기를 기대해 본다.

♡예쁜 말, 예쁜 미소, 예쁜 인생♡

낯선 이에게 보내는 고운 미소 한 모금은 서로 친구가 되게 하며 어두운 길을 가는 이에게는 한 줄기 등불이 된다. 예쁜 미소 안에는 질투, 시기, 비난이 들어갈 공간이 없다. 미소 안에 담긴 마음은 사랑과 배려와 이해로 가득 채워져 있기 때문이다.

진정한 마음에서 우러나오는 미소는 '나'를 아름답게 하며 바라보는 상대방을 웃게 해 준다. 대가 없이 지어 주는 미소는 내 영혼을 향기롭게 하고 다른 사람의 마음도 행복하게 해 준다. 미소 안에는 우리 사회를 아름다운 꽃으로 수놓는 마법이 숨어 있다. 그런 미소가 잠들면 어둠이 날뛰는 세상이 되어 갈 수밖에 없다. 저는 그렇게 믿고 오늘도 열심히 미소를 짓는다. 꽃은 피면서 물 달라 거름 달라 사랑 달라 떼쓰지 않는다. 그렇게 조건 없이 피어난 꽃이 뭇사람의 사랑을 듬뿍 받을 수 있다.

목마름이 불타는 사막에서 길을 잃고 사지를 헤매고 있을 때 한 구덩이 오아시스를 만나는 기적이 따르고, 먼바다에서 배가 거센 파도에 부딪혀 산산이 부서져 허우적거릴 때 한 척의 구조선을 만나는 천운이 따르고, 세상으로부터 버림을 받았다고 자학하면서 스스로 목숨을 버리려고 할 때 다정한 이웃을 만나 따뜻한 말 한마디를 들을 수 있는 행운을 지녔다면, 이 얼마나 선택받은 인생인가.

다정한 말 한마디에 용기를 얻고, 활짝 핀 예쁜 미소 한 송이에 희망을 품는다. 예쁜 말 예쁜 미소는 지루한 일상을 재미나게 하고 사람과 사람 사이를 가로막고 있는 높은 담을 허물어 준다. 소통의 다리가 된다.

당신의 눈으로 보는 것 중에서 가장 예쁜 것은 무엇인가요? 당신의 코로 맡는 냄새 중에서 가장 배고프게 하는 것은 무엇인가요? 당신의 예쁜 입술로 말을 할 때 다른 사람들이 즐거워하고 행복해하는 사람이 얼마나 되는가요? 당신의 귀로 듣는 말 중에서 당신을 웃음 짓게 하는 말은 어떤 말인가요? 당신의 손으로 무언가를 만지면서 가장 행복하다고 느낄 때는 언제인가요?

눈, 코, 입, 귀, 손도 나름 좋아하는 것이 있을 것이고 싫어하는 것도 있을 것이다. 그들이 좋아하는 것을 어찌 다 알겠는가만, 싫어하는 것들은 금방 알 수 있을 것이다.

이는 마음이 결정한다. 그리고 표정으로 말을 한다. 맘에 들면 방긋거리고 그저 그러면 무표정하고 맘에 들지 않으면 찡그린다.

산의 정상은 하나지만 오르는 길은 수만 가지다. 각자의 삶의 시간은 엇비슷하나 평판은 각양각색이다. 나비가 아지랑이 사이를 피해 가는 방법도, 쏟아지는 빗줄기를 피해 다니는 방법도 여러 가지다.

너른 들판에서 하늘을 향해 뒹구는 풀의 향기도 수만 가지다. 한 몸에서 나온 나의 오감조차도 좋아하고 싫어함이 각각 다를 수도 있는데, 다른 사람을 말해 무엇 하랴. 같은 말이라도 듣는 사람이 처한 상황에 따라 느낌이 확 다르고 쓰임도 크게 다를 것이다.

'누칼협'은 '누가 칼로 협박했냐.'의 줄임말이고, '악깡버'는 '악으로 깡으로 버텨라.'의 줄임말이다. 이런 신조어는 다른 사람을 향해 '나는 당신에게 공감하지 않겠다. 당신을 이해해 주거나 위로해 주지도 않겠다. 그냥 당신이 알아서 하라. 네가 한 선택이니 네가 책임지고 감당하라.'라고 주장하고 싶을 때 사용한다고 한다.

참으로 섬뜩한 말이다. 서로 시멘트가 없는 마른 모래알이 되어 간다. 공감과 이해의 노력은 눈곱만큼도 보이지 않는다. 인정이 말라 가고 서로에 대한 최소한의 이해와 배려조차 사라지고 있는 안타까운 현실의 반영인 것이다.

마음이 힘들고 지쳐 있는 사람에게 하는 말, 내가 생각하기에 적절한 듯 보여도 상대방에게는 아픔을 더 크게 줄 수도 있다. 그러므로 의도가 좋더라도 다른 사람의 마음을 다치게 할 가능성이 많은 표현이나 오해를 부르는 말들은 피하는 것이 좋다.

배터리가 밑바닥까지 방전된 것처럼 넘어질 듯 지쳐 있는 사람에게 '많이 힘들지?' 하면서 확인할 필요는 없을 것이다. 얼마나 힘들고, 어디가 힘들고, 언제부터 힘들었으며, 어떻게 힘들었는지 등등, 나의 궁금증 해소를 위해 계속해서 질문하면 상대방은 고통스러워할 뿐이다. 병문안을 온 사람들에게 자신의 증상을 하루에도 몇 번씩 설명해야 하는 환자의 입장을 생각해 보면 쉽게 동의할 수 있을 것이다.

'힘들겠네!'라는 어설픈 공감도, '이렇게 해 봐!'라는 설익은 충고도 가능하면 피하는 것이 좋다. 상대방의 힘들고 어려운 마음을 위로하고 싶다면 진실한 마음을 표현하고 전달하는 것이다. 몰라서 못 하는 게 아니라 '못 할 수밖에 없는 상황이나 상태'인 사람에게, '죽을 각오로 하면 안 되는 게 어디 있어!'라고 핀잔하듯 말하면 상대방은 더 비참해진다.

상대가 지금 이 자리에서 가장 듣고 싶어 하는 말이 무엇인지 생각을 더듬어 봐야 할 것이다. 때로는 말없이 곁에 있어 주는 것만으로도 큰 위로가 될 수 있음을 명심하자.

격려가 필요할 때, '너는 명품이야.', '너는 뭘 해도 잘할 거야.', '좋은 생각으로 이겨 내자.', 등등.

미안함을 표현할 때, '내 반응이 너무 극단적이었어, 미안해.', '나한테 어떤 말을 듣고 싶은지 말해줘.', '이번 일에 내가 잘못한 부분이 보이네.', '내가 ~한 것에 대해 사과할게.' 등등.

긍정적인 분위기가 필요할 때, '이제야 네 말이 좀 수긍이 되네.', '이 정도씩 서로 양보하면 어떨까?', '함께할 수 있는 방법을 찾아보자.', '네가 걱정하는 게 뭔지 말해 줄래?', '그러니까 네 말은 ~ 이런 뜻인가?' 등등.

인정하고 싶을 때, '네 잘못이 아니라는 걸 알아.', '너의 입장을 이제야 좀 알 것 같아.', '네가 나에게 ~을 해 준 것이 고마워.', '너라면 가능해.' 등등.

사랑하는 마음을 표현할 때, '당신은 나의 전부', '당신은 나의 행복.', '너와 함께 시간을 보내는 게 너무 좋아.', '날 위해 이런 것들을 해 줘서 정말 고마워.', '넌 정말 아름다운 것 같아.', '넌 정말 친절하고 마음이 따뜻해.', '제 눈이 그대를 많이 보고 싶어 합니다.', '내가 살아가는 이유는 오로지 당신과 함께하고 싶기 때문이라오.' 등등

앞서 예를 든 표현들은 평범하지만 어쩌면 평생 한 번도 해 보지 못한 말일 수도 있다. 하지만 스스로 하지 않으면 끝내 할 수 없는 말이 된다. 그러므로 의도적으로 한 번씩 해 볼 필요가 있다.

시장에 있는 기름집 가게 앞에 대문짝만한 크기로 '진짜 100% 순 참기름'이라 적어 놓은 푯말이 간판처럼 세워져 있는 것을 자주 보게 된다. 얼마나 믿지 못하면, '순純'을 덧붙이고 '100%'라고 강조하고, '진짜'를 동원하는가 말이다. 고소한 냄새만으로도 진짜 참기름이란 것을 금방 알 수 있는 것이 아닌가.

말을 하다 보면, 이해보다는 오해가 더 빠르다 하기에, 그 오해를 뿌리치기 위해 온통 이말 저말을 갖다 붙이게 된다. 그러나 진실과 진

심이 빠진다면 아무리 많은 수식어를 붙인다 해도 그 말은 오해만 부를 뿐이다.

'해어화解語花'는 나의 말을 이해하는 꽃이라는 뜻이다. 꽃조차도 나의 말을 이해해 준다면 더 예쁘게 보일 것이다. 그러나 다른 사람의 말을 일부러 오해하려 애쓰는 사람을 간혹 보게 되는데, 이는 지금 즉시 버려야 할 나쁜 습관이다. 어떻게 해서든지 숨어 있는 흠을 찾아내겠다 하면 믿음이 사라지고 이웃이 떠날 수밖에 없는 것 아니겠는가?

저는 어느 강연장에서나 '고감사건부행존성축덕미잘'을 강조한다. 즉, '고맙습니다. 감사합니다. 사랑합니다. 건강하십시오. 부자 되십시오. 행복하십시오. 존경합니다. 성공하십시오. 축하합니다. 덕분입니다. 미안합니다. 잘될 겁니다'. 등이다. 이런 말이 입에 배면 다른 사람들과 말싸움이 일어날 수가 없다. 덤으로 이웃 사람들의 존경은 그냥 따라오게 된다.

자랑하고 싶은 것이 넘치는 사람에게는 '굉장하네요.', '대단하십니다.'를 덧붙여 칭찬해 주자. '사랑해.' 앞에 아름다운 수식어를 더하고, '고맙다.' 앞에 구체적인 사실들을 덧붙이면 효과가 극대화된다.

자녀들이 부모에게서 가장 듣고 싶은 말은 '사랑해.', '돈 필요해?', '너만 믿는다.' 등이라 한다. 사랑하는 사람이 해 주는 것에 대해서 아무리 작은 것이라도 감사함을 표현해 보자. '설거지 해 줘서 고마워.', '일찍 들어와서 고마워.' 등등.

상대방이 듣고 싶어 하는 말을 자주 해 준다고 하여 그 사람에게 말빚을 지는 것은 결코 아닐 것이다.

너의 재능, 아끼면 '똥' 된다

혀의 권세도 아름다운 미소도 베풀기 나름이다. 미소는 숨기는 게 아니고 보여 주는 것이며, 말은 안으로 가두는 게 아니고 밖으로 나가게 하는 것이다. 따뜻한 말 한마디, 방긋 미소 한 방이면 뭇사람들이 벌떼처럼, 나비 떼처럼, 구름처럼 모여들 것이다. 찾는 사람들이 끊이지 않고 또한 따를 것이다.

돈이 흩어지면 사람이 모인다고 했다. 중국 호랑이 연고의 창시자 후원후胡文虎의 말이다. 노자老子는 이용利用에 대하여 이렇게 말했다.

"유有는 소유하는 것이며 이利라 하고, 무無는 소유를 없애는 것이며 용用이라 한다. 이利만 추구하면 행복할 수 없고, 용用이 있어야 비로소 이利가 의미를 갖게 되며 아름다워진다는 것이다. 하나의 사물이 실實만 있고 허虛가 없거나 유有만 있고 무無가 없다면 그 사물은 그 사물의 작용을 잃게 된다. 그러면 그 본질도 잃게 된다."라고 하였다.

유무상생有無相生, 허실결합虛實結合, 이용상보利用相補하여야 한다는 것이다. 결국 '이용'은 가진 재물을 붙들지 말고 잘 쓰라는 뜻일 것이다. 돈은 잘 써야 한다. 쓰지 않고 쌓아 놓기만 하면 무용지물이다. 재능이 있고 능력이 있을 때 다른 사람을 위해 베풀면 자기의 재능은 더 커지고 자신의 능력은 더 출중해지고 자신의 행복은 더 늘어난다. 밑천 들이지 않고 상대에게 값비싼 선물을 베푸는 것이다. 주위 사람들도 모두 행복해진다.

― '돈' 화끈하게 숨겨라!

돈을 좇으면 돈은 달아난다. 바람과 경주하는 것과 같다. 사람을 따라오게 하면 돈이 모인다. 사람이 다니는 길목에 재물이 모인다고 하였다. 가지고 있는 재물을 많은 사람의 마음속에 기분 좋게 뿌려 놓으면 그 사람들이 기분 좋게 정성 들여 키우고 가꾸어서 원금의 수백수천 배가 되도록 불려 놓는다. 그것은 누가 훔쳐 갈 수도 없고 잃을 수도 없는 것이다.

'재물을 숨겨두는 방법으로 남에게 베푸는 것만 한 것이 없다.'는 다산 정약용의 말씀을 생각해 보자. 재물은 결국 다른 사람의 마음속에 숨기는 것이 가장 안전하고 또한 그래야 가장 아름답다.

― 퍼주고 망한 장사 없다

상대가 이익을 얻게 하라. 상대에게 주는 것이 곧 내가 얻는 것이다. 이것을 '취여지도取予之道'라 한다. 거상 임상옥은 남과 공을 나눌 때 51 : 49로 나누고 상대에게 51을 주었다고 한다. 노자老子 도덕경道德經에, '상대를 가까이 끌어들이고자 하면 반드시 먼저 그의 날개를 펴주고 상대를 약하게 만들고자 하면 반드시 먼저 그를 강하게 해주고, 상대를 망하게 하고자 하면 반드시 먼저 그를 흥하게 해주고, 상대방을 빼앗고자 하면 반드시 먼저 그에게 내주어야 한다.'고 했다.

주는 자가 받는 자보다 더 많은 복을 받는다. "주지 스님은 날마다 밥 주지, 마음 주지, 선물 주지, 복도 주지요. 그래야 주지 스님 자격이 있다고 한다."는 유머도 있다.

어느 식당 주방장이 그 식당 망하라고 고기를 듬뿍듬뿍 퍼주었더니 손님이 벌떼처럼 몰려와 오히려 그 식당 사장은 큰돈을 벌었다는 믿지 못할 이야기도 있다.

나는 오늘 다른 사람들에게 어떤 복을 나누어 주었는가요? 이왕이면 상대가 원하는 복을 나누어 주자. 받는 기쁨은 짧지만 주는 기쁨은 길다.

내 탓 네 덕

월말이라 정리할 게 많아 사무실 근처에서 간단하게 저녁을 해결하려고 허름한 한정식 식당을 찾았었다. 그런데 식당 입구에서 안쪽을 바라다보는 벽면에 '내 탓 네 덕'이라는 글자가 큼직하게 자리 잡고 있었다. 식당 주인의 마음 씀이 예사롭지 않겠다는 생각이 들었다.

음식을 맛있게 먹었으면 '네 덕'이고 배가 덜 부르면 '내 탓' 아니겠는가. 일이 잘못되면 탓할 거리를 찾아 남에게 돌리고 일이 잘되면 공치사 거리는 내 덕으로 삼으려는 세상인데, 이런 세상 물정과 정반대로 마음을 크게 쓰고 있는 사람도 있구나 하면서 '덕분에, 때문에, 탓'이라는 단어를 어떻게 사용하고 있는지 되돌아보았다.

'덕분德分'은 베풀어 준 은혜나 도움을 긍정적으로 나타낼 때 사용하는 단어이며, '덕택德澤', '덕'이라는 단어도 함께 사용한다. 그 사용 예를 보면,

'1등 한 덕분에 큰 성취감을 맛보았다.', '엄한 선생님 덕분에 학교생활을 무사히 잘 마쳤다.', '어머니의 헌신적인 사랑 덕분에 여기까지

왔습니다.', '사장님 덕분에 좋은 구경 했습니다.', '제가 성공한 것은 모두 ○○ 덕분입니다.', '걱정해 주신 덕분에 잘 지냈습니다.', '세상은 아름다운 사람들 덕분에 더욱 아름다워지고 착한 사람들 덕분에 더욱 착해지며 정의로운 사람들 덕분에 정의가 유지됩니다.', '강물을 막은 댐 덕분에 큰 물난리를 피했다.', '훌륭한 가문 덕분에.', '좋은 친구 덕분에.' 등등

'때문'은 어떤 일의 원인이나 까닭을 말하며 긍정과 부정의 의미에 모두 사용할 수 있다.

'너 때문에 힘들어 죽겠다.', '그만저만한 내가 1등을 했기 때문에 질투하는 친구들이 많아졌다.', '그놈의 빚 때문에 죽도록 고생했었다.', '너 때문에 내가 얼마나 힘들었는지 알기는 하냐.', '내가 기쁜 것은 네가 오기 때문이다.', '불의 사나운 성질 때문에.', '서툰 손재주 때문에.', '머리숱이 많이 빠졌기 때문에 동년배들보다 더 나이 들어 보인다.', '여름휴가는 폭우 때문에 다음 달에 가기로 했다.', '잘생긴 외모 때문에 결혼했다.', '네 말 때문에 집을 못 사 폭망 했다.', '○○ 때문에 피할 수 없었다.' 등등

'탓'은 주로 부정적인 현상이 생겨난 까닭이나 원인을 나타내며, 구실이나 핑계로 삼아 원망하거나 나무라는 경우가 많다. '바람'이라는 단어도 가끔 쓰인다.

'죽기 살기로 1등 하려 한 탓에 좋은 친구를 더 많이 사귀지 못했다.', '이번 사고는 순전히 내 탓이다.', '그는 급한 성격 탓에 나와 충돌이 잦았다.', '어제의 실수는 술이 과한 탓이다.', '잘되면 내 덕 못되면 조상 탓을 한다.', '만난 기억이 전혀 없었던 탓에 분위기가 서먹서먹했다.', '왜 이게 내 탓이야?', '밤마다 야식을 찾는다고? 그 이유는 위 탓이 아니고 뇌 탓인 것 같다.', '들고양이가 내 차 앞으로 갑자기

뛰어드는 바람에 가슴이 철렁 내려앉았다.' 등등

'○○ 때문에', '○○가 잘못한 탓에.', '○○씨가 일을 엉망으로 하는 바람에.' 이런 말은 일상생활에서 자주 하고 자주 듣는 말이다. 이러한 말 습관은 내 탓도, 네 탓도, 그 누구의 탓도 아니다. '잘되면 내 덕, 못되면 남 탓'하려는 사람의 본성과 세상 풍조가 그렇게 만든 것이다.

'조건 탓'은 어떤 일이 잘못됐을 때나 그 일을 하기 싫을 때, 불쑥불쑥 뛰어나온다. 일의 성공 여부는 모두 자기 자신에게 달려 있는데 모두 남 탓만 하는 것이다. 남 탓이라 외치는 사람은 넘쳐나는데 내 탓이라 말하는 사람은 씨가 말라가고 있는 것은 현실 아닌가. 어쩌다가 열 개 중 하나 잘되면 모두 내 덕이라 말하고 싶은 것이 사람 마음이다.

'덕분에'라는 마음으로 세상을 바라보면 내 주변에 항상 좋은 일이 일어난다. '때문에'라는 마음으로 세상을 바라보면 불평불만이 그림자처럼 따라붙는다. 말이 거칠면 생활도 마음도 거칠어질 수밖에 없다. 왜냐하면, 그 말이 씨가 되기 때문이다.

우리 사회가 거친 말이 넘쳐나는 데에는 '나' 역시 책임이 있음에도, 먼저 '내 탓이오 Mea Culpa'라고 말하지 않고, 오로지 상대방의 흠을 찾고 상대방이 잘못한 탓이라 억척스럽게 우기려 하기 때문이다.

허대중 시인의 「네 덕 내 탓」이라는 시를 옮겨 본다.

> 내 탓이오 하고 나를 보니
> 내 자신이 어찌 그리 자랑스럽던지
> 남을 탓한 지난날은 겁쟁이 시절
> 나를 탓하고 나니
> 내가 이렇게 커지는 것을

네 덕이요 하고 그를 보니
그 사람 어찌 그리 사랑스럽던지
나만 세운 지난날은 욕심쟁이 시절
공功을 돌리고 나니
이렇게 큰 부자 되는 것을

 심리학에서는 여럿이 일을 할 때 그 일이 성공하면 다 '내 덕분'이라며 공을 독차지하려는 반면, 일이 실패하면 자신에게 자비를 베풀기 위해 잘못의 원인을 남에게 돌리려는 사고방식을 '베네펙턴스 beneffectance 현상'이라고 한다.
 인간의 뇌는 성공하면 그 공을 자신에게 돌리고 실제보다 더 큰 일을 해낸 것처럼 확대해석하려는 경향이 있다고 한다. 반대로 실패할 땐 '뭐 그럴 수도 있지.'라고 생각하는 것에 더 익숙해져 있다는 것이다.
 솔직하게 '내 탓'임을 인정하기보다 '네 탓'으로 떠넘기는 '내 탓 없는 사회'로 급속하게 변하고 있다. 일이 잘되면 자기가 잘해서이고, 잘못되면 남의 탓, 이웃 탓, 사회 탓, 환경 탓, 조상 탓으로 돌린다.
 모든 것이 자신의 잘못이 아니고 주변 사람들이 잘못한 탓이라 말한다. 때로는 '미안합니다.'라고 말하면서도 '이러저러한 사정으로 어쩔 수 없었습니다.'라며 열심히 변명하기도 한다. 이는 잘못을 인정하는 것 같지만 여전히 주변 탓을 하는 것이다. 나쁜 인연 탓이라 할지라도 그 인연이 숙명적인 인연이라면 그것조차도 '네 덕분이다.'라고 외쳐보자. 그러면 참 좋은 인연으로 바뀔 수도 있을 것이다.
 사람들은 일이 잘못되면 상대방에게서 핑곗거리를 찾아내는 것에 천재의 머리를 가졌다. 대형 참사가 발생하면 사건 해결은 둘째 치고 그 원인을 두고 '네 탓 공방'을 일삼는다. 그러면서 일분일초의 아까운 시간을 허비하는 경우를 자주 보게 된다.

더 큰 문제는 사건의 해결 책임자들이 '내 책임이 아니다.' 하면서 '네 탓'만 하는 것이다. 이들의 '네 탓 공방'은 사고 현장에 갇혀 있는 사람과 그들의 가족과 지인, 그리고 신속한 사태 해결을 바라는 국민의 마음을 아프게 하고, 눈살을 찌푸리게 한다.

어떤 일이 잘못될 때마다 남 탓만을 외치면 개선과 변화의 기회를 얻기 어렵다. '남 탓 문화'는 자신의 잘못이 절대로 아니라고 생각하기에 내가 책임질 일도 아니며, 그래서 변화하고 노력할 필요가 없다고 생각한다.

빈손으로 옆집 잔치에 낯을 내려고만 하는 사람들, 어지간히도 두꺼운 낯이 아닌가. '네 탓에서 내 탓, 내 덕에서 네 덕으로' 가는 길은 어쩌면 세상에서 가장 먼 길인지도 모른다. 부정적인 일은 모두 내 덕이 부족한 내 탓이고, 긍정적인 일은 네 덕이라 말하면 한평생 무적無敵으로 살 수 있다는 것을 진정 모른다는 것인가?

'덕분에'를 외치다 보면 내가 잘난 것이 없는데도 주변에서 도와주는 사람이 많아진다. 그 덕분에 성공과 행복이 따라온다. '때문에'는 모든 것을 남의 탓이라 하고 부정적으로 생각하기 때문에 사람들이 서로 흉을 보면서 흩어진다. 실패를 자신 탓이라 인정하지 않기에 원망 미움 불행이 끊이질 않는다. 내 탓이라 말하면 병나는 줄 안다. 잘못되면 오로지 남 탓만 노래할 뿐이다. 머리는 닭 볏처럼 달고 다니는 장식품이란 말인가?

세상을 살다 보면 '네 탓'처럼 보이기도 하고, 확실히 '너 때문'인 경우도 있다. '고양이 덕과 며느리 덕은 느끼지 못한다.'는 말도 있지만, '네 탓이 아니라 내 탓'이라고, '내 덕이 아니라 네 덕'이라고 말할 수 있는 용기가 필요하다. 다른 사람을 인정하고 배려하고 칭찬하는 마술이 정말 필요한 시절이다. '야 너 때문에 망했잖아.', '네 탓이 아니면 누구의 탓이란 말인가?'라는 말들을 좀 줄여 가면 좋겠다.

동네에서 축구를 하다 보면 공이 있는 곳에 선수들이 모여 있다. 프로팀의 축구 경기를 보면 공을 받을 곳에 선수가 서 있다. 여하튼 공을 따라 선수들이 뛰어다닌다.

둥근 공을 공功이나 덕德으로 바꾸어 생각해 보자. 덕불고필유린德不孤必有隣(덕을 베풀면 외롭지 않고 반드시 이웃이 있다)이란 말은 공짜로 생긴 말이 아니다. 어쨌든 공球이 있는 곳에 사람이 모이게 되고 공功을 나누어 주고 덕을 베푸는 사람은 그 공을 반드시 되돌려 받게 된다는 것은 불멸의 진리다.

'나'는 나를 내세워 만족해하는 사람인가? 아니면 다른 사람이 나로 인해 행복하다고 말해 주는 사람인가? 어느 누군가로부터 '당신 덕분에 여기까지 왔습니다.'는 고백을 듣는다면 행복한 인생이 아니겠는가. 좁은 골목길 반대편 방향에서 다가오는 사람을 만나면 상대방이 먼저 몸을 피하게 하지 말자.

03:
말의 '힘'을 키우다

각자도생과 공존동생을 생각하다

　요즘 들어 기존의 가치관을 일순간 무너뜨리는 일들이 다반사로 발생하고 있다. 본립도생本立道生이 아닌 각자도생을 지극히 강요받고 있다는 생각이 든다. 그러다 보니 갈수록 공동체를 우선시하기보다 각자의 홀로서기를 더 중하게 여기는 것으로 보인다. 나 혼자 잘 먹고 잘 살면 되는 거지 조직이나 이웃을 내가 왜 챙겨?

　각자도생各自圖生은 개인의 삶과 가치관을 존중하고 추구하는 것이다. 우리는 누구나 각자 고유한 존재이며, 그에 맞는 삶을 살아갈 권리가 있을 것이다. 다른 사람들과의 비교나 모방은 자신의 삶을 객관화하고, 다른 사람의 기준에 따라 자신을 평가할 수는 있겠지만 자아의 정체성을 잃기 쉽다.

　각자도생이란 말은 흔히 '남의 눈치 보지 않고 자신의 길을 간다.'라는 의미로 사용되기도 한다. 반면, 공존동생共存同生은 함께 생존하고 같이 살아나감을 말한다. 공존공영이란 말도 함께 쓰인다. 사회 구성원의 일원이면서도 혼자이기를 지나치게 강조하다 보니 공존이라는 단어가 오히려 어색하게만 들린다.

　본립도생本立道生은 사물의 근본이 서면 도는 저절로 생겨난다는 뜻으로, 기본이 바로 서야 나아갈 길이 생김을 이르는 말이며,《논어》의 〈학이學而〉편에 나오는 말이다. 정본청원正本淸源은 근본을 바로 하고 근원을 맑게 한다는 뜻으로《한서漢書》의 〈형법지刑法志〉에 나온다. 경천위지經天緯地는 천지天地를 경위經緯한다는 것으로, 천하를 베의 날줄과 씨줄처럼 체계를 세워 바르게 경영한다는 의미다. 경위는 직물織物의 날줄과 씨줄을 의미한다. 한 사람 한 사람의 삶과 생각들이 씨줄과 날줄로 잘 어우러질 때 아름다운 천으로 수놓아지는 것 아니겠는가.

　'만취한 상태에서 길을 걷는데 시커먼 아스팔트가 갑자기 일어나서 내 뺨을 때리더라.'는 술꾼들의 우스갯소리는 들어 보았으나, 어느 학부모가 자기 자식의 손이 다른 학생의 뺨에 맞았다고 악을 쓰는 소리는 처음 듣는다. 그 학부모는 아마 술독에 빠져서 헤어나지 못하고 있는 진정한 주견酒犬인가 보다.

　어떤 학부모는 자기 자식이 '왕의 DNA를 지녔다.'라며 선생님을 오히려 나무라며 하대하는 경우까지 발생했었다. 보름달을 보고 '멍멍' 밤새 짖어대니 이를 어찌할꼬? 상식이 곧 비상식이 되고 몰상식이 곧 상식으로 둔갑하면 정상인인들 어찌 정상인으로 살아갈 수 있겠는가?

　베는 씨줄과 날줄로 서로 엇갈리면서 짜지게 된다. 세로줄을 날이라 하고 가로줄을 씨라 한다. 날실 사이를 북에 담긴 씨실이 지나가면서 천이 만들어지는 것이다. 이때 씨실이 한 올 한 올 잘 먹어 들어야 천이 곱게 짜진다. 우리의 삶은 마치 베를 짜는 것과 같다. 그러므로 생의 결말은 잘 짜진 옷감과 같은 것이다.

　태생적인 요소, 성장기의 경험, 부모나 가정의 영향, 선생님이나 친구 그리고 직장으로부터 수많은 영향을 받는다. 이러한 것들이 모두

베틀의 씨줄이 되고 날줄이 되어 가로세로 왔다 갔다 하면서 자신만의 색깔이 드러나는 천을 만들어 내는 것이리라.

그래서 우리는 자신의 행동 결과에 책임을 져야 한다. 자신이 짠 옷감이 잘못되었거나, 보기 싫다고 해서 다른 사람이나 환경을 탓하면 안 되는 것이다. 씨줄과 날줄이 순하게 잘 어우러져 아름다운 베가 짜지도록 나. 너. 우리는 모두 일심동체로 합심해야 할 것이다.

바둑돌이 서로 끊어지면 삶의 도모에 급급하게 되어 몇 수 앞도 내다보지 못하지만 서로 이어져 있으면 생사를 걱정할 필요가 없어 한층 여유롭다. 그래서 수십 수 앞을 내다보며 최상의 수를 찾아내어 좋은 결과를 이뤄낼 수 있다.

씨줄과 날줄이 바둑돌처럼 끊어지지 않고 잘 연결되면 화문석花紋席 같은 아름다운 명품이 만들어질 것이다. 나 혼자만을 위함이 아닌 모두가 함께 어울릴 수 있는 콘텐츠가 절실히 필요한 시기다. 씨줄로 맺어진 부자지간이요, 날줄로 이어진 형제지간이니 아름다운 공동체를 건설할 수 있으렷다.

화재가 발생한 식당 안으로 홀로 뛰어들어 할머니를 구한 우즈베키스탄인, 차량전복이 발생하자 주변을 지나던 운전자들이 모두 달려들어 전복된 차를 일으키고 운전자를 살려내는 감동적인 뉴스를 볼 수 있음에 감사하다. 그래서 희망이 있는 나라다.

나를 귀하게 만드는 말

　어둠이 깔리면 밤하늘의 별들은 예쁜 사연을 가득 담고서 반짝반짝 빛을 낸다. 무수한 별들이 제각각의 모습으로 빛을 낸다. 어둠이 짙을수록 그 빛남은 현란하다. 그러나 어둠이 사라지면 밝음에 떠밀려 가듯 휘황찬란했던 별빛도 함께 사라진다. 어둠은 별을 빛나게 하는 보조제일 뿐인가 보다. 밝음을 이기는 어둠은 없다.

　'귀한 말 귀한 생각'이 나를 귀하게 만든다. '천한 말 천한 생각'은 나를 천하게 만든다. 다른 사람들에게 귀한 대접을 받거나 천한 대접을 받는 것도 자신이 어떤 말을 하느냐에 달려 있다. 상대를 귀하게 생각하고 높여 말하면 나도 귀한 사람이 된다.

　상대를 낮추면 당연히 상대도 나를 낮추어 볼 것이다. 그러므로 나를 귀하게 만들고 싶다면 상대를 귀하게 잘 대접하자. 내가 하는 말과 행동이 귀하면 다른 사람도 그렇게 따라 한다는 사실을 명심하자.

　내가 별이 되어 빛나는 순간은 언제일까? 내가 환하게 웃고 있을 때, 가장 아름답고 가장 밝은 빛을 낸다. 밤하늘의 별은 어둠이라는 뒷배경이 필요하지만, 사람별은 아름다운 생각과 아름다운 말이 쌓여서 더 밝게 빛을 낸다. 때 묻지 않은 마음으로 빛나면 시야를 가리는 방해꾼이 없으므로 다른 사람의 눈에 더 밝게 더 크게 보일 수 있다.

더욱이 내 곁에 나를 빛나게 도와주는 별이 있으면 '나'라는 별은 더욱더 강렬한 빛을 발산하게 될 것이다. 마음이 아름다운 이웃과 함께 살면 더불어 사는 사람의 마음도 아름다워지는 것은 당연한 일이다. 선善은 선을 부르기 때문이다. 생면부지의 남녀가 만나서 부부의 연을 맺으면 그 부부는 많은 부분에서 닮아가는 것과 같은 이치일 것이다.

내가 멋있는 사람이 되면 멋있는 사람이 잘 보이고 또한 그런 사람이 모이게 된다. 내가 먼저 귀한 사람이 된다면 내가 만나는 사람들도 모두 귀한 사람인 것이다. 유유상종類類相從이다. 입에서 향기가 나와야 향기로운 사람이 모인다. 아름다운 꽃에는 벌과 나비만 모여드는 게 아니다. 사람들의 아름다운 생각과 마음도 함께 모인다.

맛있는 음식을 먹기 위해서는 싱싱한 재료를 골라서 맛있게 조리를 해야 하지만, 가장 중요한 사실은 자신이 맛있게 먹겠다는 마음가짐이다. 그런 마음가짐이 있다면 어지간한 음식은 아주 맛있게 먹을 수 있을 것이다. 마음이 아름다우면 그 사람의 생각도 아름다운 것이라는 반증이다.

농부들이 농사를 지을 때 남의 논이나 밭에 씨를 뿌리지 않는다. 남의 논밭에서 자란 작물을 내 것이라고 주장하지도 않는다. 혹여 품앗이로 심고 가꾸는 경우가 있기는 하지만 종국에는 그것조차도 내 것이 아니다. 남의 논밭 작물이 아무리 풍성하다 해도 수확하고 나면 남의 것일 뿐이다. 내 논밭에 씨를 뿌리고 직접 가꾼 작물만이 내 것이 된다.

내 마음 밭을 내 입으로, 내 생각으로 가꾸고 일구고 다듬었을 때 '나다움'을 수확하는 기쁨이 있을 것이다. 애써 가꾼 작물이 소중하듯 내가 고르고 찾아낸 말들도 자신을 닮아 곱고 아름답다.

나를 아름답게 표현하는 말을 비싼 돈 들여서 사려 하지 말자. 남이 뿌려놓은 말을 허락 없이 빌려 쓰려고 하지 말자. 사방팔방 널려 있다고 내 것이라 착각하지 말자. 하지만 내 마음속에 묻혀 있는 보석 같은 단어를 캐내어 다른 사람에게 보여주려는 노력을 해보자. 입안에 숨어 있는 반짝이는 말, 마음 밭에 묻혀 있는 아름다운 단어를 송곳으로 캐내고 손끝으로 일구어서 찾아내야 한다.

다른 사람들이 쓰다 버린 흔한 말을 아무 때나 아무렇게나 쓰게 되면 나다움은 사라진다. 그런 말들은 단물이 다 빠져버린 풍선껌처럼 맛이 없고 딱딱하고 색깔이 희미하게 변하고 본래의 모습도 사라지기 때문이다. 자신이 스스로 찾아내고 만들어 낸 말은 거친 풍파風波를 견뎌낼 수 있다. 그렇기에 다이아몬드보다 더 소중한 보석이 될 것이다. 거칠고 모난 돌이 비바람에 닳고 파도에 뒹굴면서 어여쁜 몽돌이 되어가듯 내가 다듬고 조각한 말은 귀하고 귀한 것이다. 그렇게 찾아낸 말로 나를 나답게 표현하자.

이 세상에서 제일 멋있는 사람이 나 아니고 누구란 말인가. 한마디를 하더라도 나를 당당하게 표현하고, 한 문장을 쓰더라도 나를 진실하게 알리는 그런 말과 글은 어디엔가 숨어 있다. 캐내자. 그렇게 숨어 있는 나를 찾아내자. 이렇게 하는 것이 곧 세상을 향해 나를 브랜딩하는 것이리라.

자신을 브랜딩하는 단어를 처음 사용할 때는 다소 어색할지라도 자신이 계속해서 다듬고 사용하다 보면 다른 사람들에게 각인되어 끝내는 인정하게 된다. 물길은 돌이 자신의 길을 막았다고 불평하지 않고 오히려 그 돌을 번드르르하게 씻겨주고 '돌돌돌'하며 흐른다. 그런 물은 맑고 깨끗하다. 그 물로 나의 입을 빛나게 하자.

정체성을 잃어버린 수많은 사람 속에서 나마저 나다움의 색깔을 잃어버린다면 누가 나를 알아줄 것인가. 무엇으로 나와 너를 차별화시킬 것인가. 내가 잘하는 것을 잊어버리고 다른 사람이 잘하는 것만 따라 하려 하면 따라쟁이밖에 되지 않는다. 나를 나답게 대접하고 나를 나답게 표현하고 나를 나답게 말할 수 있는 용기가 필요하다. 그리고 나를 대표하는 말을 만들어야 한다.

『예쁜 말 예쁜 미소 예쁜 인생』은 지친 마음에 울림과 감동을 주고, 어두운 발길에 밝은 빛을 비추고, 엄마의 포근한 마음이 있고 마법의 웃음 치료제가 들어있다. 이 말을 듣는 순간 'ㅇㅇㅇ 작가'의 웃는 얼굴이 떠오를 것이다. 이런 오만한 생각 하나쯤 품고 사는 것을 사치라 할 것인가? 오히려 행복을 키우는 씨받이가 될 것이고 행복한 삶의 마중물이 될 것이라 생각한다.

미녀와 추녀 이야기를 덧붙이자면, '아름다운 미녀 부인과 사는 남편은 부인의 행동과 태도가 맘에 들지 않았다. 하지만 완벽한 미인으로 만들기 위해서는 딱 한 가지만 고치면 될 것이라 믿고, 사사건건 부인에게 지적을 해댔다. 그럴 때마다 그 미녀는 화가 치밀고 스트레스를 받았다. 결국에는 미녀의 얼굴은 시든 꽃처럼 바람 빠진 풍선처럼 볼품없게 되었다.

추녀 부인과 사는 남편은 부인이 하는 행동과 태도가 기대했던 것과는 판이하게 좋았다. 그래서 무엇을 하든지 잘한다고 잘했다고 칭찬을 해주었다. 그러자 그녀는 칭찬에 고무되고 계속 칭찬을 받기 위해 행동과 태도가 갈수록 흠잡을 데가 없게 되었다. 남편의 칭찬이 끊이지 않자 추녀의 얼굴은 예쁘게 활짝 피어났다. 미녀의 얼굴은 스트레스를 받아 시든 꽃이 되었고, 추녀의 얼굴은 칭찬을 받아서 활짝 핀 아름다운 꽃이 되었다.'는 이야기다. 이렇게 두 부인의 인생을 바꾼 것은 비난하는 말과 칭찬하는 말이 갈랐다.

  모난 돌도 잘 다듬으면 주춧돌로 쓸 수 있다. 그냥 길가에 내버려두거나 잘게 부숴버리면 쓸모없는 자갈일 수밖에 없을 것이다. 가치를 알아보고 잘 다듬어야 그 쓰임이 귀하게 될 것이다. 나를 귀하게 대하지 않으면 나 역시 길가에 버려진 자갈에 지니지 않을 것이다. 나를 빛나는 보석으로 생각해야 값비싼 보석이 될 수 있는 것이다. 쓰레기통 속으로 버려지는 꽃과 꽃병에 세워지는 꽃의 차이가 무엇인지를 곰곰이 생각해 보자.

  나를 귀하게 하는 말이 어디 말처럼 쉬운가? 하지만 어렵다 하면 어렵고, 할 수 있다 하면 할 수 있는 것도 말이다. 말은 쉽게 고칠 수 있다. 비용이 들지 않는다. 평상시 사용하고 있는 싸구려 말투를 조금만 바꾸면 비싸게 쓸 수 있다. 고쳐 쓸 수 없는 말은 하나도 없다.

  칭찬받았을 때 상대에게 어떻게 대답하고 있는가? '야 너 대단하다.' 하면 '아무것도 아니에요.', '예 열심히 노력했었는데 인정을 받아서 참 다행이고 감사합니다.'. 어느 쪽 말을 더 자주 하는가? 무시를 당했을 때 상대에게 어찌 대꾸하는가? '야, 겨우 이 정도야?' 하면 '너는 얼마나 잘하는데? 두고 보자.', '그래 내 실력은 여기까지야, 하지만 최선을 다했다.' 어떤 말을 하고 싶은가? 귀하게 하는 말이 귀한 쓰임을 받는다. 감정도 귀하게 대해야 한다. 같은 욕이라도 '이 망할 놈아.'보다는 '이 흥할 놈아.'로 바꾸어 보자.

  논어 위령공편衛靈公篇에, '자장문행 자왈 언충신 행독경 수만맥지방 행의子張問行 子曰 言忠信 行篤敬 雖蠻貊之邦 行矣, 언불충신 행부독경 수주리 행호재言不忠信 行不篤敬 雖州里 行乎哉(자장이 자신의 뜻이 어떻게 하면 행해질 수 있는지 묻자, 공자께서 말하길 말이 진실되고 믿음직하며 행동이 돈독하고 공손하면 비록 오랑캐 나라에서도 통할 것이나, 말이 진실하지 않고 믿음직하지 않으며 행동이 돈독하지 않고 공손하지 않으면 고향에서도 통하지 않을 것이다)'라는 구절이 있다.

또한 '자왈 가여언이불여지언 실인 불가여언이여지언 실언 지자 불실인 역불실언子曰 可與言而不與之言 失人 不可與言而與之言 失言 知者 不失人 亦不失言(공자께서 말하길 함께 말할 수 있음에도 말을 나누지 않으면 사람을 잃는다. 함께 말할 수 없음에도 말을 나누면 실언을 하게 된다. 지혜로운 사람은 사람을 잃지 않으며, 실언도 하지 않는다.)'라고 주장했었다.

나를 귀하게 만드는 방법은 나를 귀하게 대하는 것이다. 신흠申欽이 그의 『상촌집象村集』에서 말한 '제일류와 더불어 벗을 하고자 하는 자는 마땅히 자신이 먼저 제일인이 되어야 할 것이다.'라는 구절을 생각해 본다.

더부살이와 모듬살이

시나브로 스미는 완연한 봄기운에 기대어 대문을 활짝 열어 놓으면, 들어오는 복이 많을까 떠나가는 재앙이 많을까? 마음의 문을 활짝 열어 놓으면 인생에 도움이 되는 친구가 많이 찾아올까 속이려 덤비는 친구가 더 많을까?

아직은 덜 떨어진 겨울 꼭지가 가지 끝에 매달려 창문을 넘보기도 하지만, 따뜻한 복은 어서어서 들어오고 시키면 재앙은 서둘러 떠나가기를 기대해 본다. 상생의 만남, 살리는 만남은 우리가 사는 동안 덤이 남을 것이요, 동고동망同苦同亡의 만남, 상처 주는 만남은 덤이 줄어들 것이니라.

남쪽에서 다소곳이 불어오는 미지근한 바람, 꽃등에 업혀 오는지 꽃잎을 떨구고 오는지 알 수 없지만, 제비들이 물고 올 꽃향기는 한 줄기 바람이 아닌 든든한 바램이면 좋겠다. 이제는 바람 불면 엎드리고 뒤돌아설 것이 아니라 가슴을 활짝 열고 들숨을 들이켜 보자. 무병無病, 무탈無頉, 무사안일無事安逸의 인생도 누군가를 넓은 마음으로 받아들일 때 맛있는 향기로 피어날 것이고, 삶이 곧게 펴지고 얼굴도 팔자도 아름답게 펴질 것이다.

 마음 한구석에 계약서 없이 세 들어 사는 녀석이 있다. 내 허락도 동의도 없이 제 맘대로 들어와서 내 영혼마저 삼키려 드는 핸드폰의 망령이다. 내 손을 꽉 붙잡고 놓아주지 않는다. 내 눈을 사로잡고 내 귀를 틀어막으니 도통 다른 사람의 눈을 똑바로 바라볼 수 없게 만들고, 살아서 꿈틀거리는 정마저 느낄 수 없게 만든다. 오호통재라 소통 부재여!

 내 육신과 잘 어울릴 때는 행복한 미소가 따라오지만, 그 반대의 상황이 되면 감옥에 갇히게 된다. 핸드폰을 새로 개통하면 한 생명이 태어나는 것과 같다. 말과 정이 통하지 않는 녀석, 나를 닮은 가짜인 나와 철저히 친해져야만 인생이 즐겁다. 나는 지금 핸드폰에 더부살이 하는 것일까? 반려견 한 마리 입양하면 또한 한 가족이 생겨나는 것이다. 그들은 dog이 아닌 god의 경지에 오르고 있다. 나는 지금 그들과 모듬살이 하는 것일까 신을 섬기고 있는 것일까?

 남의 집에서 먹고 자며 일을 해 주고 삯을 받는 일, 또는 그런 사람이나 남에게 얹혀사는 것을 더부살이라 한다. 모듬살이는 사람들이 함께 어울려서 살아가는 공동생활을 말함이다. 사람은 태어나면서부터 서로 도움을 주고받으며 다른 사람들과 더불어 살아가야 한다.

 가정은 사회와 나라를 이루는 모든 모듬살이의 기본이 된다. 부모를 내가 선택할 수 없고, 조국 또한 내가 선택할 수 없기에 어쩌면 운명이라고 말하는 것이 맞을 것이다. 학교, 직장, 모임 등은 내가 선택할 수 있는 모듬살이다. 모듬살이는 함께 어울리는 다른 사람을 인정하고 배려함에서 출발한다. 우리들의 하루하루의 일과는 처음부터 끝까지 모두 모듬살이에 속할 것이다.

산업화를 이룬 세대, 환갑을 넘긴 세대는 넘기 힘든 보릿고개를 넘어왔다. 지긋지긋한 가난과 배고픔의 해결이 지상최대의 과제였었다. 그래서 한 동네에서 어울려 살며 품앗이를 일삼다 산업화가 진행됨에 따라 도회지로 뿔뿔이 흩어질 수밖에 없었다. 그 사람들이 우리나라를 중진국으로 만들었고 지금의 40대를 낳고 길러왔다. 그래서 40대는 중진국 시대에 걸맞은 생각을 할 수 있게 된 것이다.

그리고 그 사람들이 낳은 20대는 선진국에서 태어난 것이라 말할 수 있다. 왜냐면 우리나라가 선진국 대열에 들어서 있기 때문이다. 그래서 그들의 사고방식은 철저히 선진국을 닮았다. 세대 간의 원활한 소통이 어려워짐은 당연한 일이 되어버렸다. 선진국으로 발돋움하기까지 앞선 세대의 숨겨 둔 속사정이야 말해 뭣하랴. 먼 나라의 전설일 뿐이다.

지금은 디지털 시대라 한다. 세계가 온통 하나로 연결되어 있기에 디지털에 익숙하지 않으면 낙오되기 쉽다. 철저하게 혼자이면서도 절대로 혼자서는 살 수 없는 세상이다. '풍요'한 소수보다 '다수의 행복'을 찾아야 할 때다. 무거운 짐을 지고 다니면 다리도 아프고 어깻죽지도 아프다. 쥐고 있는 주먹이나 들고 있는 팔도 아프긴 매양 한 가지다. 그러니 짐은 나누어야 한다.

사람은 어렸을 때는 누군가의 보살핌을 받아야 하고, 성장하고 나면 또한 누군가를 함께 돌보아야 한다. 단 한 사람의 낙오와 소외는 사회의 큰 둑을 무너뜨릴 수 있음이다. 모듬살이의 핵심은 '돌봄'이고, '어울림'이다. 이는 특정의 한 사람 몫이 아닌 우리 모두의 문제인 것이다. 건강한 모듬살이를 통해 서로 이끌어 주고 밀어주면서 개인 간의 격차, 세대 간의 격차를 줄여 나가면 좋겠다.

은퇴한 백수보다 휴가 중인 프리랜서가 더 어울리는 친구들, 한쪽

구석에서 더부살이하는 친구 렌탈, 정신 렌탈이 아닌 같은 방에 둘러앉아 함께 어울리는 모듬살이를 꿈꾸면 사치일까?

  꽃물인 듯 눈물인 듯 매화나무 가지 끝엔 설화雪花 만발하니 눈이 호강을 하나, 한 걸음 한 걸음 눈물바다를 젖은 족화足靴로 어찌 건널꼬.

반감과 질투는 부르지 않아도 달려온다

　어둠을 밝히는 영원한 등불, 항해길 밝히는 꺼지지 않는 등대, 초롱초롱 빛나는 북극성, 누구를 위한 등불이고 누구를 위한 등대이고 누구를 위한 빛남인가? 사랑하는 사람이나 소중한 친구를 위해 등불이 되고 등대가 되고 싶은 생각은 없는가요?
　아는 친구가 큰 상을 받는다는 문자 메시지가 날아온다. 이럴 때, '내 친구는 그 상을 받을 만하지.'하는 마음이 드는가? 아니면 '그 친구 뭘 했다고 상을 받지.'하는 의구심이 드는가? 또는 '요즘에는 개나 소나 모두 상을 받는구나.' 하면서 그 상의 가치를 깎아내리려는 마음이 들지는 않는가? '만나면 돈 자랑에 자식 자랑뿐인 친구 때문에 괜히 약이 오른다.'고 앞서 걷고 있는 노인들의 볼멘소리가 소곤소곤 들려온다.
　소식을 전해 온 친구가 친한 사이인지 그저 이름이나 아는 사이인지, 아니면 조금은 불편한 기억이 남아 있는 친구인지에 따라 마음속에서 반응하는 속도도 느끼는 감정도 달라질 것이다. 그 친구가 내 인생의 소중한 후원자라 생각하고 있었다면 메시지를 받는 즉시로 축하한다는 인사말을 건네려 할 것이다. 신세를 지고 있는 친구에게도 마찬가지로 반응할 것이나, 그러지 않는 친구라면 그냥 무시하고 지나가려 할 것이다.

스스로 되돌아보면 마음이 지그재그 요동치는 것을 확연하게 느낄 수 있을 것이다. 특히 자신보다 못났다고 여기고 있던 다른 사람이 갑자기 자신보다 잘되는 꼴을 바라보는 마음은 편하지는 않다. 섣불리 인정하려 하지 않는다. 다른 사람을 인정하려는 마음이란 그만큼 간사하다.

달빛은 그리움의 어머니인가. 별빛은 사랑의 어머니인가? 초승달에 비친 어머니의 설레는 미소와 하현달에 비치는 어머니의 근심 어린 주름은 어이하여 다르단 말인가. 어머니의 자식 사랑하는 마음이야 한결같을 터인데 다른 사람의 눈에는 왜 이리 차이가 나게 느껴질까? 이는 바라보고 있는 사람의 마음이 그러하기 때문일 것이다.

미움과 질투와 무시의 독배를 들었다면 용서와 사랑과 인정의 약으로 해독시켜야 한다. 천사의 마음으로 만 개의 믿음으로 그 질투의 독을 제압해야 하리. 밉다면 미운 대로 친하다면 친한 대로 그 이유야 있겠지만, 마음속 악마의 불장난은 천사의 마음으로 꺼야 한다.

감정이 날뛰는 말馬이 되면 통제 불가능이다. 숫소가 발정이 나면 암소를 찾아 이 동네 저 방네 울타리를 찌그러뜨리며 훌쩍훌쩍 뛰어넘는다. 무섭게 날뛴다. 반감과 질투가 날뛰어도 그렇다.

시기와 질투는 부르지 않아도 달려온다. 불이 났다고 급하게 119에 신고하지 않아도 알아서 달려온다. 동네잔치 벌렸다고 소문내지 않아도 코를 유혹하고 침샘을 자극하는 맛있는 냄새에 쏜살같이 달려온다. 목이 마르면 물을 찾듯이 칭찬에 목말라하는 사람에게는 칭찬이 보약인 것이다. 남에게 인정을 받아야 안심이 되고 자신이 가치가 있는 사람이라 생각하면 인정이 보약일 것이다.

칭찬과 인정하는 말들은 곱의 보상으로 되돌아오겠지만, 시샘과 질투와 폄훼는 백배의 보복으로 돌아온다. 불신 지옥 믿음 천국이라 외치는 사람들도 많지만, 칭찬과 인정, 배려의 효과는 믿어서 손해 볼 일 없다. 질투는 백 개의 눈을 가진 아르고스Argos마저 죽게 만든다. 미덕은 보답을 악덕은 징벌을 당해야 한다는 믿음을 배신하지 말자.

정신세계의 풍경화는 스스로 아름답게 그릴 수 있을 것이다. 상상 속의 인생을 꿈꾸는 데 걸림돌이 무에 있겠는가. 최대한 예쁘게 최대한 황홀하게 최대한 빛나게 그려 보면 될 것이다. 그 속에서 살고 있다고 생각하면 절로 미소가 드리워질 것이라 믿는다. 그리다 지우면 흔적이야 남겠지만 비용 청구서는 날아오지 않는다. 마음껏 그리자.

생각을 유연하게 만들려면 긍정의 경험이 필요하다. 반감과 질투를 피하려면 평소 타인에 대한 칭찬과 배려, 존중과 인정의 경험이 축적되어야 한다. 친구에 대한 무한신뢰가 쌓여 있어야 하는 것이다. 우리는 그만큼의 노력과 대가를 지불했는가?

자신이 먼저 행복해야 세상을 행복하게 변화시킬 수 있다. 그 순서를 착각하지 말아야 하지 않을까. 억지로 만들어진 가짜 쾌락과 자연스럽게 우러난 진짜 행복 사이를 시소 타듯이 오르락내리락하는 것이 인생일 것이다.

'너를 만나서 반가워, 너를 만나서 행복해.', '네가 나를 기쁘게 해.', '네 덕분에 잘 됐어.'라는 말이 낯설지 않았으면 좋겠다.

상대의 감정에 거울을 비춰라

　선물을 나누어 줄 수 있는 사람은 행복한 사람이다. 선물은 받는 기쁨보다 주는 기쁨이 더 오랫동안 유지된다. 보통의 사람은 '선물'이라는 단어를 생각하면 물질을 먼저 떠올리겠지만 비용이 들지 않는 따뜻한 말도 귀한 선물이 될 수 있음을 잊어서는 안 될 것이다.
　꼭 듣고 싶었던 말을 그 누군가에게 듣게 된다면 기분이 날아갈 듯 좋아진다. 이보다 더 값진 선물이 어디 있겠습니까. 모두 한 번쯤은 경험해 보았으리라.
　상대의 마음에 거울을 자주 비춰 보아야 그들에게 필요한 말이 무엇인지 알아낼 수 있다. 위로가 필요한 사람에게는 위로의 말, 격려가 필요한 사람에게는 격려의 말 등 적시 적소에 필요한 말을 해 준다면 이는 어느 값진 선물보다 더 귀한 것이 될 것이다.
　명절이나 생일 또는 특별한 기념일에는 특별한 선물을 기다리는 것은 인지상정이다. 이날은 특별한 날이기에 특별한 선물을 받고 싶어 하는 마음이 어느 때보다 더 간절하기 때문이다. 이처럼 1년에 한두 번 느끼는 특별한 행복도 매우 소중합니다만, 날마다 받을 수 있는 선물이 있다면 이 얼마나 좋겠습니까. 날마다 '칭찬' '덕담' '인정'이라는 선물을 주고받음이 이루어진다면 행복은 끊이지 않겠지요. 행복한 미소가 떠나지 않을 것이다.

선물을 준비하려면 크고 작은 비용을 지출해야 한다고 생각합니다만, 칭찬과 덕담과 인정은 비용이 들지 않습니다. 다만, 그 사람을 생각하는 마음과 시간 정도는 써야 하겠지요. 누군가를 향한 따뜻한 배려는 자신에 대한 칭찬으로 되돌아오고, 스스로 긍정의 힘을 얻게 되니 금상첨화 아니겠습니까.

예쁜 말 몇 마디로 다른 사람의 기분을 좋게 하고 그들에게 위로와 격려, 응원을 해 줄 수 있다면 진정 행복한 사람이다. 활짝 웃는 미소로 다른 사람의 마음을 열 수 있다면 존경받아 마땅한 사람이다. 날마다 예쁜 말 예쁜 미소로 다른 사람을 행복하게 해 주는 사람, 우리는 그런 사람을 존경하고 사랑할 수밖에 없다.

그래서 오병이어五餠二魚의 기적을 이룰 수 있는 것 중의 하나는 예쁜 말이라 할 수 있다. 기분 좋게 말하면 너와 나의 기분이 좋아지고 기분 나쁘게 말하면 서로의 기분이 나쁘게 된다. 이렇게 감정 변화에 지대한 영향을 미치는 말의 힘은 무한대라 할 수 있음이다.

따뜻한 말은 나눌수록 기적을 일으킨다. 사소한 나눔일지라도 나누면 나눌수록 즐겁고, 행복한 마음이 다른 사람의 마음속으로 자꾸 퍼져 나가게 된다. 나의 행복을 조금씩 쪼개면 더 많은 사람이 행복을 맛보게 된다. 예쁜 말 예쁜 미소를 옆 사람에게 나누다 보면 세상이 온통 환해지는 기적도 일으킬 수 있음이다.

자기만의 생각에 갇혀 다른 사람의 일에 사사건건 참견하는 사람은 언제나 말실수가 따른다. 나눌 수 없는 말, 나누어서는 안 되는 말을 내뱉고서 누군가가 동조하는 모습을 보이면, 그 순간은 마치 세상을 다 가진 영웅이 된 듯 착각한다. 하지만 이해 아닌 오해가 따라오게 되면 '그때 내가 왜 그랬지, 어쩜 좋아.' 하는 후회 가득한 빨간 얼굴만이 기다리고 있을 뿐이다.

잔뜩 화가 난 사람에게는 짧은 순간일지라도 같은 편이 되어 주어라. 잘잘못을 따지는 것은 화가 가라앉은 다음의 문제다. 화가 나면 이성이 멀리 도망가기에 어떤 말도 순수하게 들으려 하지 않는다. '말 한마디로 천 냥 빚을 갚는다.'라는 말도 있지만, 평생의 우정을 한순간에 금이 가게 하고, 닭살 부부를 평생의 원수로 갈라놓을 수도 있다. 그러므로 말은 언제 어떻게 하느냐에 따라 천사가 되기도 하고 악마로 둔갑하기도 한다. 그러니 때에 맞는 말은 요술 방망이가 틀림없다.

상대의 말을 자신이 듣고 싶은 대로 들으면 오해가 생길 수 있지만, 상대가 듣고 싶어 하는 말을 먼저 해 주고, 상대의 욕구를 먼저 채워 주면 오해는 멀어진다. '나'를 중심에 놓지 않고 '너'를 중심에 둔다면 이해는 더 가까이 다가올 것이다. 덤으로 다른 사람의 마음에 행복을 불어넣는 오병이어의 기적을 일으킬 것이다. 그 기적은 돌고 돌아 나에게도 날마다 귀한 선물로 되돌아올 것이다.

입구가 좁고 작은 종지에 물을 채울 때 빠른 속도로 많은 양을 쏟으면 넘치도록 채워지지 않는다. 가득 채우기 위해서는 그 크기에 맞는 속도와 양이 필요하다. 다른 사람의 발걸음 속도에 맞추어 함께 걸어가면 믿음이 차고 넘칠 것이다. 상대의 감정에 거울 비추듯, 상대의 마음을 내시경으로 샅샅이 살펴보듯 동감하는 말을 한다면 어찌 미소가 피어나지 않으리오.

승부욕勝負慾, 즐길 수 있을까?

　게임은 즐기기 위함인가, 승패를 결정짓기 위함인가? 이기고 지는 것이 다반사이거늘 날마다 오락 같은 경쟁이 있고 웃음 넘치는 즐거움이 있다면 얼마나 좋겠는가. 어제가 즐거웠다면 내일 또한 기쁨이 충만하리라 믿고, 오늘은 즐거운 게임과 위험한 도박 사이에서 외줄타기를 해 본다.
　게임과 오락의 가장 중요한 요소는 바로 재미다. 거액을 투자한 게임에 재미가 없으면 즐기는 사람이 어디 줄을 서겠는가. 재미가 있어야 즐길 수 있으리니, 게임과 재미는 한 몸일 수밖에 없다. 그러나 그 즐거움에 지나치게 탐닉耽溺하고 몰입하면 문제가 생긴다. 처음에는 게임을 즐기기 위해 시작하나 강한 승부욕이 발동하면 도박으로 흐를 개연성이 많아진다.
　건전한 승부욕을 즐길 수 있도록 정부에서 공식적으로 허가를 내준 경마, 경정, 경륜도 어찌 보면 도박의 일종 아닌가? 강원도에는 내국민들을 위한 카지노 사업장도 개설되어 있다. 적절한 자기 통제가 있다면 즐거움은 배가될 것이다.

스포츠 게임을 하다 승부욕이 지나치게 되면 감정 조절에 실패해서 다툼이 일어나는 경우가 많다. 이기려는 마음이 앞서다 보면 의도적으로 문제를 일으키기도 하고, 힘이 잔뜩 들어가면 자신의 몸을 통제하지 못해 스스로 넘어지기도 한다. 상대가 있는 게임에는 반드시 지켜야 할 법칙이 있다. 그 법칙은 주로 '해야 하는 것보다 하지 말라는 것'이 더 많다. 해야 하는 것에는 포상이 있고, 하지 말라는 것에는 그에 상응하는 불이익이 따른다.

정해진 법칙을 어기면 경쟁 상대를 쉽게 이길 수 있을 것이다. 그래서 참가자들이 법칙을 어기면 그만큼의 불이익을 준다. 그 불이익을 감수하면서까지 법칙을 위반하는 참가자들이 늘어나면 그 법칙은 무용지물이 될 수밖에 없다.

그래서 법칙을 지키도록 불이익을 더 크게 적용할 것이고, 더 심해지면 참가자를 그 게임장에서 퇴출할 수밖에 없을 것이다. 이득이 없거나 손해가 더 크다면 누구도 정해진 법칙을 위반하지 않을 것이다. 참가자들이 정한 법칙은 참가자들 스스로 지켜야 아름다운 결과를 만들어 낼 수 있다.

상대를 이기기 위해 위반하려는 마음을 무엇으로 꾹 참게 할까. 지키는 자에게는 넉넉한 포상을 주고 지키지 않는 자에게는 따끔한 벌칙을 준다지만, 순간적으로 마음이 고약해지면 그 벌칙을 감내하려 한다. 그러니 마음을 다스림에 더 많은 시간과 정성을 쏟아부어야 한다. 손과 발, 머리와 마음이 따로 놀면 고장 난 로봇이 아니고 무엇이랴. 그래서 우당탕탕 내지르는 손발이 아닌 정정당당하게 승부를 보겠다는 마음이 참으로 중하다.

상대가 없는 자신과의 게임도 있다. 이것은 누구의 간섭이나 통제

없이 허허벌판에서 홀로 걷는 것이다. 붓 한 자루 움켜쥐고서 하얀 도화지 앞에 서 있는 것과 같다. 쓰면 쓰는 대로 그리면 그린 대로 달리면 달리는 대로 결과가 나온다. 눕고 싶으면 눕고 자고 싶으면 자고 마시고 싶으면 마셔 대도 누구 하나 지적하지 않는다.

스스로 다짐하고 계획한 일들을 스스로 행하는 것이기에 내 마음이 곧 법칙이다. 아무도 보지 않는 곳에서 선행을 베풀기란 참으로 힘든 것처럼, 혼자 있을 때 자신이 세운 원칙을 잘 지켜낸다는 것은 매우 어려운 일이다. 시간이 지나면 스스로 작아지거나 스스로 위대해지는 것을 자신만이 조금씩 느낄 뿐이다.

차가운 겨울을 이겨낸 따뜻한 봄이 오면 거둠이 있는 가을을 꿈꾸며 씨를 뿌린다. 좋은 씨를 골라 시의적절時宜適切할 때 심어야 예쁜 수확을 기대할 수 있을 것이다. 기왓장은 밑에서부터 차곡차곡 놓아야 모양도 반듯하고 빗물이 잘 흘러내린다. 물고기 비늘도 물살에 순응하듯 누워야 모양도 아름답고 물살을 헤치고 나가는 데 저항이 덜하다. 물이 순하게 흘러가는 것, 그것이 곧 법法이고 상식이고 순리順理일 것이다.

파릇파릇 새싹이 돋아나는 좋은 시절에 '너는 ○○ 하지 말아야 해.'보다 '네가 ○○○ 하면 좋겠다.', '너는 왜 그렇게 행동하니?'보다 '이렇게 한 이유가 뭐야?'라는 말들을 더 많이 해 보고자 한다. 꿈을 품어야 한다고 법으로 강요할 수는 없겠지만, 이런 나의 소박한 꿈들이 따뜻한 봄볕을 머금은 질퍽한 밭고랑에서 호미로 발가락을 캐내는 즐거움을 줄 거라 믿어 본다.

'아니' 하면 어떻게 들리는가?

　지나가는 사람이 '아니.'라고 하면 어떻게 들릴까? 그냥 귀에 들리는 대로 느낌을 표현하자면, '~을 알아?', '~이 아니다.' 둘 중 하나가 아닐까. '가니.'는 또한 어떤가? '~을 잘게 갈다.', '~을 떠나가는가?'라고도 들린다. 보지 않고 상황을 알지 못하면 듣고 싶은 대로 들린다. 그러다 보면 벌어진 상황과 정반대로 오해할 수도 있다.
　'처먹어.', '퍼먹어.' 하는 말을 귀로만 들으면 썩 기분 좋은 상상이 떠오르지 않는다. 참기름병을 건네주면서 '쳐(서) 먹어.' 하거나 밥솥을 건네며 '퍼(서) 먹어.'라고 하면 오해가 생기지 않는다. 주어나 목적어가 생략된 말은 눈으로 보지 않고 귀로만 들어서는 이해보다는 오해가 더 잦다. 경험이 쌓아 올린 오해의 늪에 빠져 살고 있기 때문이다.
　내가 할 수 있는 일이 있다면 행복하다. 하지만 내가 해야만 하는 일이 있다면 행복하다고 말할 수 없다. 하고 싶은 일과 해야 하는 일은 똑같은 일이어도 느낌은 정반대로 다가온다. 생각의 차이, 관점의 차이가 행복과 불행을 결정하는 것이다.

향기 없는 조화造花가 흔하니 생생한 생화生花가 귀해졌다. 싸구려 거짓이 흔하니 보석 같은 진실은 귀해졌다. 거짓과 속임으로 한바탕 대박을 터트렸다는 소문에 정도와 진실은 꼬리를 감춘다. 세상이 온통 거짓 장막에 갇힌다. 그렇다 해도 진실의 눈은 꼭 뜨고 있어야 한다. 어둠의 길을 안내하는 북두칠성의 국자는 더 밝은 빛을 내기 위해, 반짝이는 은하수를 더 많이 담아내기 위해 더 커져야 한다.

하얀 진주는 검은 시궁창에 묻혀 있어도 그 빛의 아름다움으로 사람들을 반짝반짝 즐겁게 해 준다. 우리도 그 즐거움을 찾아내는 노력을 게을리하지 말아야 할 것이다.

눈사람이 자살했다면 뉴스거리가 되는가? 온도가 오르면 눈사람은 점점 쪼그라들고 끝내 사라진다. 먼 나라 기억 속으로 녹아내린다. 눈덩이가 녹으면서 그동안 숨겨져 왔던 비밀스러운 이야기를 모두 드러낸다. 하얀 눈의 깨끗하고 순수한 이미지가 한순간에 지저분하고 질퍽한 모습으로 바뀐다. 차라리 눈을 감고 싶은 흉한 것들을 더 많이 보여준다.

눈사람은 찬바람을 맞으면서도 왜 그렇게 진실을 감추고 서 있으려 했을까? 누구를 위해 그렇게 발을 꽁꽁 동여매고서 꼿꼿이 서 있으려 했을까? 녹기 전에 세상 사람들에게 하얀 즐거움을 나눠 주려 했기 때문일 것이다.

여름이 운다 소나기로, 하늘이 운다 천둥으로…. 이렇게 말하면 틀렸다고 나무라는 사람이 있다. '여름은 소나기로 울고 하늘은 천둥으로 운다.'라고 해야만 맞는 것일까? 생각이 다른 것을 왜 틀렸다고 말하는 것일까? 정답이 틀린 것을 맞았다고 주장하면 곤란하지만, 다른 것은 다르다고 말할 수 있어야 하지 않을까. 그렇지 못한 사회는 더더욱 병든 사회인 것이다.

나와 같은 생각을 말하면 좋다 하고, 나와 다른 의견을 말하면 틀렸다고 윽박지르는 사람의 공통점은 무엇일까? 자신이 좋아하는 사람을 비난하면 미워하고, 자신이 싫어하는 사람을 다른 사람이 좋아하면 그 사람을 미워한다. 내가 좋아하는 것은 누구나 좋아해야 하고 내가 싫어하는 것은 누구도 좋아해서는 안 된다고 우기는 공통점이 있다.

창작자는 달걀을 낳는 닭이라 말하는 시대인가 보다. 요즘 젊은이들은 창작자의 작품을 보면서 '작품 감상'이 아닌 '콘텐츠 소비'라 말한다고 한다. 달걀의 값이 헐값이니 창작자의 길도 과거만큼 매력적이질 못한 듯하다. 그래도 작가의 이름이 곧 자신의 브랜드임은 불변의 진리다. 작가에게는 세상을 향해 작품으로써 진리를 밝히고 어둠을 막아내는 의무이자 권리가 주어진 것이다. 진실을 외롭게 내버려두면 안 되는 것이리라.

어떤 일을 할까 말까 망설이는 이유는 나에게 돌아오는 이문이 있을까 말까 계산이 앞서기 때문이다. 눈앞에 아른거리는 조그만 이득에 조급해하다 보면 큰 이익은 별똥별 떨어지듯 한순간에 몽땅 떠나가기도 한다.

황소 눈만 한 포말泡沫이 눈 한 번 깜박거리면 무지갯빛을 쏟아내며 허공으로 급하게 사라진다. 고깃덩어리를 양손 가득 들고서 또 다른 고기를 탐하려 들면 배고픔에서 헤어 나올 수 없고, 혀끝에서 맴도는 침마저 바싹 마를 것이다.

못하는 걸 억지로 잘하려 하지 않고 잘하는 것을 더 잘하려 한다면 조그마한 행복도 놓칠 리 없다. 마음이 예쁘면 들리는 것도 예쁘고 보이는 것도 예쁘다.

익숙함을 버릴 배짱은 있는가?

 익숙한 것에서 벗어나려 하면 두려움이 앞서는가? 서툶이 가로막는가? 불편함이 짓누르는가? 낯섦과 마주할 용기와 배짱이 있는가?
 무의식적인 익숙함에 속지 말자. 처음 보는 사람들 사이에 끼어 있는 어색함에 불편해하지 말자. 무엇을 해 보고 싶어 하는 호기심은 두려움을 물리치고, 배부른 상상은 분명 행복을 부를 것이다. 무언가에 도전하려 할 때, 익숙하지 않아서 어색함을 느끼는 것은 당연하다. 가 보지 않은 길을 가려면 주저함이 앞선다. 그러나 주저앉아 있기보다 시도하고 도전하면 배움이 쌓이고 경험이 쌓이고 또 다른 익숙함이 몸에 밴다. 어색함도 불편함도 자주 마주하다 보면 익숙해지고 친해진다. 익숙함은 곧 편안함이다.
 경험이 쌓이면서 형성된 습관적인 행동을 단숨에 바꾸려 하면 이미 투자된 시간이 아깝다는 생각이 들 수도 있다. 그러나 안 해 본 것을 안 하면 정말 못 하게 되고, 못 하는 것으로 생각하면 끝내 안 하게 된다.

세상을 살면서 아는 것만 하려 든다면, 해 본 것만 하려 한다면, 경계선 너머에 수북이 쌓여 있는 새로운 것들을 언제 만나 볼 수 있을 것이며 언제 극복할 수 있을 것인가? 꽁꽁 얼어붙어 있는 시선에 펄떡거리는 상상의 햇살을 입혀 보자. 녹슨 나사못에 윤활유를 부어 보자. 그리고 묶인 매듭을 풀어 보자.

마틴 메도스는 『익숙함을 지나 두려움을 넘어』에서 "묻지 않으면 대답은 항상 NO일 것이다."라고 했다. 행동하지 않으면 결과는 항상 0쪽이다. 시도하지 않으면 변화는 항상 꽝이다. 복권을 사지 않으면 당첨될 확률은 언제나 제로다. 한 발짝도 떼지 않으면 항상 제자리에 있다. 그러는 사이 다른 사람이 앞서가 버리면 '나'는 어쩌면 뒤로 가고 있을지도 모른다.

익숙함에 안주하게 되면 새로움에 도전하려는 의지가 약해진다. 익숙함에서 벗어나려 하면 생각이나 사고가 자유롭게 된다. 습관은 어떤 행동이 몸에 밴 오랜 시간의 흔적이다. 습관은 몸에 새겨진 생활 리듬이고, 무의식에 각인된 행동의 패턴이다. 그것이 우리의 삶을 빚고, 한 사회의 규칙과 통념을 만들어 내는 동력이 된다.

'나를 가로막는 것은 나밖에 없다.'는 김새해 작가의 말처럼 지금의 나를 앞으로 나아가지 못하게 하는 것은 현재의 익숙함이다. 익숙함을 버린다는 것은 조금 더 편해지고자 하는 유혹을 물리치고 전인미답의 길에 도전하는 것이라 할 수 있다. 다른 사람의 시선으로부터, 다른 사람의 평으로부터 자유로워지는 시발점이 되는 것이다.

한동안 바람이 불었던 비트코인 열풍, 지금 불고 있는 주식 투자 바람 등은 포모(FOMO : fear of missing out, 소외되는 두려움) 신드롬은 아닐까?

유행에 뒤처지는 두려움, 조직이나 단체에서 소외되는 두려움이나 불안감, 내가 가지고 있는 것을 잃어버릴 것 같은 초조감, 다른 사람들이 부러워할 큰 부자가 될 기회나 다른 사람들에게 내세울 만한 신분 상승의 기회를 절대 놓치고 싶지 않은 마음들이 가을 산을 온통 단풍잎으로 뒤덮는 듯하다. 형형색색의 사람 단풍은 무어라 부를까?

누군가 돈을 벌었다 하면 상대적 박탈감에 빠진다. 그래서 자신도 모르게 다른 사람들이 하는 것을 따라 하려 한다. 그래야 불안과 두려움이 사라진다. 돈을 벌거나 잃는 것은 차후의 문제다. 좋든 나쁘든 다른 사람들도 다 하는데 '나라고 못 할쏘냐.' 하면서 불빛을 향해 뛰어드는 불나방을 닮아 간다. 하루살이의 대장이 되려 한다.

벼락부자가 되는 정보를 하나라도 놓치면 끝장이라며 다른 사람들이 하는 말 한마디 한마디를 가슴에 깊이 새긴다. 그러나 그들이 내뱉는 말 속에 값진 정보도 있겠지만 대부분 모두 철 지난 빈 깡통 소리만 요란한 경우가 더 많음이다.

제품을 판매할 때 제품 공급량을 줄여 소비자를 조급하게 만드는 마케팅기법을 자주 볼 수 있다. 매진 임박, 한정 수량, 판매 시간 곧 종료, '지금까지 이런 가격은 없었다?' 등등.

팔랑개비 귀를 가졌다면 그 말을 교본으로 믿고 따른다. 그러다 보면 FUD(fear uncertainty doubt, 불확실성의 두려움)에 함몰되어 안절부절 걱정 선수가 된다. 이슈가 터지면 더 하락하지는 않을까 하면서 불안에 떤다. 갈수록 누구도 믿지 못하게 된다. 결국에는 다른 사람에 대한 불신과 사회에 대한 의심의 저주가 시작된다.

나는 나만 믿고 너는 너만 믿는다면 우리는 누굴 믿어야 할까?

左삼右주, 공평사회를 꿈꾼다

 필자가 자동차, 조선, 석유화학 등 산업도시 울산에서 직장생활을 하던 시절, 대여섯 명의 고객님과 저녁 식사를 할 때였다. 갑자기 업체 대표님 한 분이 '좌삼우주'를 외치셨다. 건배사도 아니고, 난생처음 들어보는 구호인지라 무슨 뜻이냐고 물었다.
 그때 그 대표님은 왼손에 쌈을 준비하고 오른손에 술잔을 들라는 것이라 설명해 주었다. 그날 회식 자리에 참석한 사람들은 안주가 먹고 싶거나 술을 마시고 싶을 때면 너나없이 수시로 '좌삼우주'를 외쳤는데 지금에 와서 생각해 보니 더치페이(각자 내기)보다 훨씬 더 공평한 방법인 듯하다.
 직장 따라 울산으로 이사를 와서 생활하는 대다수의 타지 사람들은 이렇게 알뜰살뜰 공평한 방법으로 회식을 즐기고 있었다. 누구 하나 손해 본다는 느낌이 없으니 공평하다 할 것이다. 좌삼우주는 결국 각 향각지各鄕各地의 사람들이 모여서 행복한 가정과 건강한 모임을 지탱하는 중요한 활력소가 되었고, 팔도 사투리도 화합의 용광로 속으로 녹아내리게 하였다.

　푸짐하고 넉넉하게 준비한 안주용 고기나 회를 공평하게 나누어 먹을 수 있으니 배부름 또한 비슷할 것이다. 안주 한 점, 술 한 잔 그리고 마음 한 조각이 자기 입맛에 맞게 각양각색의 채소와 함께 쌈으로 올려지면 두루두루 각자의 입맛에 잘 어울릴 것이다. 공평함에 무엇 하나 빠질 게 없고 볼멘소리는 단 한 마디도 들려오지 않는다.

　출생지와 생각, 성격이 다른 사람들이 모여서 다툼이나 오해를 줄여가고 믿음을 더 강하게 하는 모티브가 바로 좌삼우주가 아닐까 생각해 본다. 덤으로 하고 싶은 말도 한 사람에게 쏠림이나 지나침이 없고, 골고루 발언 기회가 주어진다면 금상첨화錦上添花인 것이다. 참석자 모두가 기분이 좋으면 그만 아닌가.

　세상에서 단 하나뿐인 '나'가 모두를 지향하는 다수의 '너'와 모남 없이 어우러질 때 둥글고 아름다운 '우리'라는 공동체가 탄생하는 것이리라. 각자 서로의 생각이 다름을 인정하지 못하고 날이면 날마다 너 죽고 나 살자고 막무가내로 편 가르기와 다툼만을 일삼는 무지막지한 세력들을 보면서, 달콤한 맛은 더해지고 우아한 우정은 깊어지고 쓸데없는 오해는 멀어지게 하는 좌삼우주를 새삼 곱씹어 본다.

　더치페이는 자기가 주문한 음식값을 각자 결제하므로 주문한 음식의 가격에 따라 결제할 금액이 모두 다르다. 그러나 좌삼우주는 참석한 사람들이 전체 비용을 모두 공평하게 나누어 분담한다. 더치페이와 좌삼우주는 그런 점에서 사뭇 다른 듯하다. 같은 직장에서 같은 일을 하고 같은 월급을 받아 가며 생활하는 평범한 급여 생활자, 한자리에 모여서 식사를 할 때면 어느 한 사람에게 부담을 지우지 않고 공평 분담을 하는 것이다. 이 얼마나 아름다운가.

　신의 옷자락을 붙잡고 신의 계시를 듣고도 실천하지 않는다면, 맛있는 말보다는 헐뜯고 비난하고 조롱하는 말들을 쏟아낸다면, 행복한 하루인가 불행한 하루인가. 쓰레기 같은 천한 인연과 현금 같은 귀한 인연이 어디 따로 있겠는가. 너 한 입, 나 한 입, 우리 한 입은 한 팀을 이루고 한 가족으로 이어지는 소중한 인연일 것인데, 왜 이리 가르고 내팽개치려 아등바등하는가.

사자의 갈기를 갈기갈기 찢어 놓을 용기 있는 자 누구인가. 내 자식이 잘못해서 선생님에게 꾸중을 들어도 내 자식 나무랄 생각은 하지 않고 되레 꾸중한 선생님을 혼내려 드는 무모한 사람들, 그들은 정말 사자와 맞서본 적이 있을까? 어린 양만을 골라 공격하는 하이에나가 아닌가. 그들의 부모는 누구인가? 누가 이렇게 가르치고 있는가?

가르친 게 아니고 저 혼자 컸다고 우기려 들지는 말자. 혼자 쓰는 굽은 잣대로 대다수가 사용하는 곧은 잣대를 어찌 재단裁斷하려 한단 말인가.

내가 행복하지 않다고 모두가 불행한 것은 아니다. 내가 불행하지 않다고 모두가 행복한 것 또한 아니다. 누구나 행복을 원하지만, 아무나 행복할 수는 없다. 각자가 추구하는 행복은 사람마다 다르고, 행복을 만들어 가는 여정 자체도 모두 다르다. 그렇지만 저마다 만들어 가는 행복은 타인들과의 관계에서 이루어진다.

그러니 공동체는 구성원 각자의 재능과 능력을 발휘할 기회가 공평하게 주어져야 하고, 그들의 사회적 역할도 공정하게 인정해 주어야 한다. 따뜻한 마음과 바른 뜻을 지니고 사는 사람들이 정당하고 공평한 대우를 받는 그런 사회여야 한다.

'나는 버려도 되는데 너는 버리면 안 된다.'는 이상한 논법은 이제 버려야 할 유물이 아니던가.

직진만이 정답이라고?

 돌아가는 길을 모른 채 직진만이 답이고 직진만이 출세하는 길이라 믿는 사람은 요즘같이 바깥 풍경이 좋은 시절에 신작로 옆으로 길게 드러눕는 들꽃을 바라볼 여유가 있을까? 혈관이 꽉 막히면 틀어막고 있는 찌꺼기들을 제거하거나 혈관을 더 넓혀야 한다. 그것도 어려우면 막힌 부위를 돌아서 지나가도록 다른 혈관을 잇대는 우회술이 필요할 때도 있다.
 코앞만 바라보면 발아래 뒹구는 조그만 돌부리는 볼 수 있을지언정 낮은 나뭇가지에도 머리를 부딪칠 수 있다. 멋진 단풍이 내려앉은 먼 산의 아름다움은 결코 볼 수 없을 것이다.
 휴게소 없는 직진형 고속도로, 최저 제한속도 규정을 지켜야 하기에 쉼을 할 수 없다. 달리는 속도가 경쟁자보다 빠르면 원하는 목적지에 더 일찍 도착할 수 있다. 추월하려고 달려드는 경쟁자들을 따돌리려면 자라목을 하고 눈을 가늘게 떠야 한다. 그러다 보면 눈동자는 점점 더 작아지고 마음은 더욱더 바빠진다. 검은 눈동자보다 더 작은 대롱 속으로 차들이 휙 휙 지나가는데 아름다운 바깥세상을 어찌 바라볼 수 있으리오.

졸음 방지 휴게소가 있는 도로, 가끔은 쉼을 하기에 속도가 더디다. 그래서 다른 사람보다 조금 늦게 도착하는 경우가 많다. 천천히 가다 보면 육방 만 리를 두루 살펴볼 수 있는 여유가 생긴다. 볼 수 있는 것이 많으니 생각도 더 한갓지고 마음 또한 여유롭다. 목적지에 도착했을 때 목덜미의 뻐근함은 속도의 빠름에 비례한다고 할 것이다.

직진만 아는 사람은 옆길이 있음을 잘 모른다. 아니 있다는 것은 알지만 그 길을 애써 무시하고 그저 앞만 바라보거나 한길만 고집한다. 여기저기 둘러볼 생각을 아예 하지 않으니 바쁘게 뛰는 것도 습관이 된다. 그래서 눈앞에 보이는 그 길만이 정답이라고 더 강하게 믿는다. 돌아가는 길이 있음을 아는 사람은 천천히 걸으며 간혹 옆길도 본다. 여러 갈래의 새로 난 길을 찾아내어 그중에서 가장 마음에 드는 길을 고른다.

작은 눈 좁쌀 같은 마음은 옆을 돌아볼 여유가 없기에 다른 사람들이 혹여 내 눈을 속이려는 것은 아닐까 의심의 눈초리가 더 강하다. 그러기에 다른 사람의 선의를 쉽게 받아들이지 못한다. 그런 눈으로 세상을 바라보면 다른 사람들의 작은 흠들이 그만큼 크게 보인다.

큰 눈 바다같이 넓은 마음은 세상을 크게 바라보기에 다른 사람들의 흠들이 작게 보인다. 수리학에서 분자의 크기는 변동이 없는데 분모의 크기가 달라지면 그 분자의 가치가 다르게 나타나는 것과 같다. 밥을 지을 때 한 종지 쌀에 물을 적게 부으면 꼬들꼬들한 고두밥이 되고 많이 부으면 질퍽질퍽한 진밥이 되는 것 아니겠는가.

다른 사람의 흠이 크게 보인다는 것은 나의 마음이 그만큼 작은 것이다. 마음을 좁게 쓰면 옆에 있는 사람들이 불편함을 크게 느끼니 끝나는 그 사람 곁을 떠날 수밖에 없다. 그러다 보면 찰기가 없는 까칠한 고두밥을 혼자서 꾸역꾸역 먹을 수밖에 없을 것이다.

다른 사람의 흠이 작게 보인다면 나의 믿음이 그만큼 강한 것이다. 마음을 넓게 쓰면 아름다운 이웃이 더 많이 몰려온다. 그래서 한 끼의 밥도 그들과 함께 맛있게 먹을 수 있는 것이다.

바람은 대숲을 만나 웃고, 계곡은 여울을 만나 웃으며, 새는 노래로 웃고, 먹구름은 천둥으로 웃는 것이다. 웃는 것이 아니라 우는 거라고 주장하는 사람도 있을 것이다. 하지만 마음 가는 데로 몸도 기울기에 필자의 마음은 웃고 있다는 편이다.

내 편만 바라보는 한쪽 바라기는 몸도 마음도 한쪽으로 굽는다. 바람도 내 편이라 믿고 비도 내 편이라 믿으면서 시멘트 없이 벽돌만 쌓아 올리면 내 편도 무너진다. 굽은 오리 목뼈가 되면 그 곁에 누가 남겠는가?

나비가 눈길 한번 주지 않는 꽃, 주인이 손길 한번 주지 않는 꽃은 아름다운 꽃이 아닐 것이다. 다른 사람이 발길 한번 들여놓지 않는 사람, 다른 사람이 말 한마디 건네 오지 않는 사람은 따뜻한 사람이 아닐 것이다. 순망치한脣亡齒寒이다. 차가움이 밀려오는 계절에 장미 넝쿨 닮은 이웃이 오래 머물도록 내 입술을 따뜻하게 간직하자.

쪼갤까 붙일까?

　수만 대의 자동차를 싣고서 이 항구 저 항구를 드나드는 화물선도 한 조각 한 조각, 수만 개의 작은 철판을 붙여야 만들어진다. 바다 위를 떠다니려면 물 샐 틈 없이 붙여야 한다. 날마다 타고 다니는 자동차도 수만 개의 부속품을 붙이고 연결해야만 굴러간다. 눈곱만한 제품도 소홀히 할 수 없음이다.
　치열한 선거판에서 당선되려면 유권자의 표심을 한 표 한 표 금붙이 끌어모으듯 모아야 한다. 그것도 상대방보다 최소한 한 표는 더 많아야 이기는 것이다. 역사의 유물이라는 웅장한 모습의 피라미드 건축물도 수만 개의 돌덩어리를 쌓고, 이어 만든 것이다. 철판 조각 하나 표심 하나 돌덩이 하나가 그렇게 큰 힘을 발휘한다.
　그러나 세월이 지나면 완성품은 어느덧 고철이 되어 간다. 쓸 만한 부속품들은 다른 제품으로 환생하기 위해서 조각조각 잘리게 된다. 쪼개고 합하기를 반복하면서 점점 쓸모 있는 제품으로 탈바꿈한다. 그러나 착한 민심은 선거가 끝나면 악한 무리에게 처절하리만큼 무시된다.

왜 이것만은 고쳐지지 않을까?

　단체로 하는 스포츠 게임에서는 참가자 모두가 합심 단결해야 이길 수 있다. 마음이 쪼개지면 결코 좋은 결과를 기대할 수 없음이다. 어려운 시국, 어려운 상대일수록 각각의 마음을 하나로 똘똘 뭉치게 해야 한다. 방향성 잃은 마음을 사방팔방으로 갈기갈기 찢어 놓으면 아니 될 일이다. 혼자 사냥했더라도 사랑하는 가족과 함께 먹는 것이 더 자연스러운 일 아니던가?

　자신은 떳떳하지 못하면서 짐짓 떳떳한 척 다른 사람의 떳떳하지 않음을 지적한다면 누가 그의 말이 옳다 하고, 누가 그의 말이 정답이라 말할 것인가? 온갖 못된 짓만 하다가 자식들이 그 못된 짓을 따라 하면 왜 따라 하냐고 나무랄 것인가?

　자식은 부모를 앞세워 배우고 따라 한다. 천사의 말, 천국의 말보다 악마의 말, 지옥의 말을 먼저 가르치는 어른들에게 아이들은 무엇을 배우고 익힐 것인가. 솔선수범率先垂範하라 했더니 못된 것만 먼저 하려 들면 정말 곤란하다.

　말이 쪼개지면 병 깨진 파편이 사방으로 튀고 마음이 잘게 부서진다. 말의 뜻이 갈리면 믿음과 겸손과 존경이 사라지고 비난과 무시와 불신만이 커진다. 말의 뜻이 갈지之자면 법의 잣대도 구부러진다.

　물이 가는 길을 법法이라 하였거늘 법의 해석이 이리저리 갈리면 그 잣대는 무용지물이 될 뿐이다. 오히려 악인의 손에 칼이 잡히는 꼴이다. 말의 뜻과 법의 잣대가 흔들리면 결국 사실과 진실은 멀어지고 거짓과 오해만 늘어나게 된다. 내 편 네 편 우리 편 말 사전이 필요하다면 분명 불통의 사회인 것이다.

　귀가 시리도록 찬 바람이 '쌩쌩' 부는 겨울이 코앞이다. 알을 품은 황제펭귄들이 한데 모여 몸을 비비면서 서로의 체온으로 혹한酷寒의

겨울 추위를 이겨내는 '허들링Huddling'의 지혜가 생각난다. 날이 차면 따뜻한 아랫목이나 바람을 막아주는 양지바른 곳으로 사람들이 모이게 되어 있다. 사람을 모이게 하는 것은 진정 무엇일까? 소통이 있는 따뜻한 말, 맛있는 말일 것이다.

말이 소통의 기능을 잃어버리면, 한쪽에서는 이어 붙이려 용접봉을 하염없이 녹이고 있는데 다른 한쪽에서는 서로 떼어내려 날카로운 그라인더 날을 태우고 있는 것과 다름이 없다. 둥글납작한 무거운 망치 내리치는 소리에 귀가 먹먹할 따름이니 서로 듣는 게 없게 된다.

이쪽에서 소통하자 손 내밀면 어깃장을 놓고, 저쪽에서 통합하자 마음 열면 삿대질을 일삼아서는 안 된다. 악마의 말이 자라서 잉꼬부부를 갈기갈기 쪼개 놓는 결과를 가져온다.

무엇을 쪼개고 어떻게 합칠까? 표가 되고 돈이 되면 무엇인들 못 할까. 어딘가에 숨어 구르는 정답이야 있겠지만 착한 마음 아름다운 마음은 합하고 악한 마음 미운 마음은 줄여야만 행복이 함께할 것이다.

해가 뜨면 만나서 함께 일하고 달이 뜨면 헤어져서 각자의 집으로 돌아가는 것이 삶이다. 가위는 할 일이 없으면 허리를 포개고 할 일이 생기면 다리를 벌린다. 한 송이 꽃이 아름다우면 모아 놓은 꽃도 아름다우리. 함께 사는 아름다운 세상, 불통제거不通除去와 흥리제해興利除害를 생각해 본다.

불.욕.난.장 不欲難將?

일점일획의 능력을 무시하면 안 된다. 점도 때론 무한한 힘을 발휘하는 의미를 지니고 있음이다. 옛 시의 한 구절을 예로 들어 본다.

"산부도강강반입 수난투석석두류 山不渡江江半入 水難透石石頭流"

(산은 강을 건너지 못해 강가에 있고, 물은 돌을 뚫기 어려워 돌 머리로 흐른다) →

"산욕도강강반입 수장투석석두류 山欲渡江江半入 水將透石石頭流"

(산은 강을 건너고 싶어 강가에 있고, 물은 장차 돌을 뚫기 위해 돌 머리로 흐른다)

단 두 글자(불不→욕欲, 난難→장將)만을 바꾸었을 뿐이지만, 이렇게 바뀐 두 글자 덕분에 시의 내용도 정반대로 바뀌었다. '할 수 없다.'라는 부정적인 의미에서 '하겠다.'는 긍정적인 의미로 달라진 것이다. 그러한 예문을 더 살펴보자.

— 잃을 것을 생각하지 말고 얻을 것을 생각하라.

― 지옥같이 어둡던 빛이 햇볕이 드는 빛으로 바뀐다.
― 돈을 잘 쓰면 복이 되고 돈을 잘못 쓰면 독이 된다.
― 고칠 수 없는 고질병이 고칠 수 있는 고칠 병으로 바뀐다.

이처럼 말이 바뀌면 생각이 바뀌고, 생각이 바뀌면 행동이 바뀌고, 행동이 바뀌면 습관이 바뀌고, 습관이 바뀌면 운명도 바뀐다. 그러므로 비난, 불평의 부정어를 멀리하고 칭찬, 열정의 긍정어를 가까이하는 습관이 아주 중요하다.

긍정과 부정도 결국 한 자의 차이만 있을 뿐이다. 다만 생각하는 방향이 다를 뿐이다. 부정적인 것에 긍정의 점을 찍으면 절망이 희망으로 바뀐다. 긍정적인 것에 부정의 방점을 찍으면 희망이 절망이 된다.

불가능하다고 생각하면 불가능해 보이지만 가능하다고 말하고 마음을 바꾸면 모든 것이 가능하게 보인다. 원래 불가능한 것은 존재하지 않고 다만 자신이 불가능하다고 생각하는 것만 존재한다는 것이다.

그것은 자신의 생각, 자신의 마음이 결정한다. 결정권, 선택권, 행동권은 오직 자기 자신만이 가지고 있다. 불가능을 가능으로 바꿀 수 있는 힘은 자신으로부터 시작한다. 긍정의 생각은 풀고 부정의 생각은 묶어야 하는 이유가 여기에 있다. 생각을 긍정적으로 바꾸는 연습이 필요하다.

― 순서를 바꾼다(앞뒤) 거꾸로
― 방향을 바꾼다(좌우) 반대로
― 상하를 바꾼다(위아래) 뒤집고
― 문제점 찾기보다 해결책 찾기
― 상대의 눈과 마음으로 바라보기

― 잘못된 점 분석보다 잘된 점 찾기
― 고객이 아닌 상품의 눈으로 바라보기
― 없는 것 채우기보다 있는 것 늘리기
― 1킬로미터의 질주보다 1도의 방향 전환이 낫다.
― '안 되면 어떡하지.'보다 '하면 된다.'고 생각하기
― 뼈를 따로 발라내려 하지 말고 살만 골라 먹는다.
― 비난하는 말 속에서 상대가 기대하고 있는 것을 찾아본다.

   필자가 은행에 근무하는 동안 합숙소에서 지내게 되었는데, 아침에 출근하는 직원들에게 '고생하시게.'라고 했던 것이 기억난다. 이 말을 해 놓고 혼자 남아 곰곰이 생각해 보았다. 왜 하필 '고생하시게.'라는 말을 했을까? '고생'이라는 이미지가 떠오르는 단어를 내가 왜 쓰고 있는가? '수고하시게.'라는 단어도 있는데.
   그러다 '수고하시게.'보다 더 좋은 인사말은 없을까 생각하다, 하루는 '파이팅 하시게.', 하루는 '많이 즐기시게.', 하루는 '기분 좋은 일만 있으시게.', 하루는 '무조건 행복을 사냥하시게.' 등으로 바꾸었다. 직원들 표정이 밝아졌다.
   말은 메뉴판이라 했듯이 긍정의 말을 주문하면 긍정의 결과가 나온다. 아름다운 말을 하면 아름다운 일이 생긴다. 감사의 말이 몸에 배면 날마다 감사할 일만 생긴다. 이것은 다른 사람이 아닌 바로 내가 하는 말을, 내가 주문하는 말을 따라 온 것이다. 말이 주는 귀한 선물이다. 심리학자 야마나 유코는 "입버릇을 바꾸니 행운이 시작됐다."라고 했다.

반찬 골라 먹듯, 말도 맛있게…

　항상 같은 방향으로 걷고 같은 방향으로 생각하고 있지 않나요? 때로는 멍때리면서 멍청한 생각을 해 보면 재미있을 때가 많다. 평소에는 무관심하게 내버려두었던 생각의 창고를 뒤적거리고 헤집고 하다 보면 갑자기 떠오르는 아이디어가 번개처럼 스칠 때도 있다. 익숙함에 편안함에 묻혀 항상 가던 길로만 다니면 결코 새 길은 보이지 않는다.
　생각을 바꿀 때, 다른 길로 가 보았을 때 보이지 않던 새로운 길을 발견할 수 있다. 부침개는 잘 뒤집어야 고소하고 맛있게 잘 익는다. 채소를 구입할 때도 앞뒤를 뒤집어 봐야 좋은 것을 골라 살 수 있지 않는가? 앞면이 싱싱하게 보여 샀는데 집에 와서 꺼내어 보니 뒷면은 싱싱하지 못한 것들이 섞여 있을 수도 있다. 좋은 것을 고르려면 이리저리 살펴보아야 하는 이유다.
　사람들이 모두 한 방향으로 뛰면 1등은 한 명뿐이고 1등을 하지 못한 나머지 사람들은 행복하지 못하다. 그런데 각자가 각자의 방향으로 뛰면 모두가 1등을 할 수 있고 모두가 행복하다. 각자가 뛰어온 길 뒤로 각자의 길이 새로 생긴다.

　시작할 때의 1도의 방향 차이가 자신의 운명을 크게 바꿀 수 있다. 말은 자신은 물론 다른 사람의 인생도 바꿀 수 있다. 말하는 습관을 어떻게 들이느냐에 따라 운명도 바뀔 수 있다. 맛있게 표현하는 말을 찾아보자. 말의 맛이 달라진다. 맛있는 반찬 골라 먹듯 말도 맛있게 할 수 있다. 지나가는 바람도 멈추게 하는 단내를 풍겨 보자.

　　― 복코를 가지셨네요.
　　― 꽃사슴 눈망울을 닮았네요.
　　― 내 앞에 나타나 주어서 고마워요.
　　― 당신은 꼭 천국에서 온 사람 같아요.
　　― 이 세상에서 가장 행복한 마음의 부자.
　　― 매일매일 한 걸음씩 내게로 다가오는 사람.
　　― 나를 가장 행복한 사람으로 만들어 주는 사람.
　　― 이 세상 모든 행운과 존경이 그대에게 쏟아지기를.
　　― 별들이 꼭꼭 숨는다면 내 마음의 별을 환히 밝히겠습니다.

　같은 말을 해도 상큼하게, 센스 있게, 맛깔나게, 그리고 듣기 좋게…. 이런 말을 들으면, 말하는 사람은 물론 그 말을 듣는 사람의 마음도 따뜻해지고 기분이 좋아질 것이다. 다른 3자가 들어도 기분이 좋아질 것이다. 인정하고, 대접하고, 배려하고, 칭찬하는 말, 이런 말에 상대는 목말라 있다. 자신이 한 말이 다른 사람의 마음속에 오랫동안 머물게 해 보자. 말은 머리로 외워서 하는 것이 아니라 입에 밴 대로 하는 것이다.
　공자孔子도 학이시습지불역열호야學而時習之不亦悅乎也라 하였듯, 배운 것은 반드시 연습하고 몸에 익혀야 즐거움이 있다고 강조하였다. 몸에 배게 하려면 연습이 필요하다.

— 역시 너야.
— 걱정하지 마.
— 잘되고 있니?
— 너라면 가능해.
— 내가 도와줄까?
— 다 네 덕분이야.
— 너 참 대단하다.
— 역시 넌 최고야!
— 도와줘서 고마워.
— 너 잘할 수 있어.
— 최고야! 아주 멋져.
— 널 만난 건 행운이야.
— 괜찮아. 괜찮아질 거야.
— 내겐 네가 너무 소중해.
— 실패했으면 다시 하면 돼.
— 잘 되지 않을 수도 있어.
— 너랑 있으면 너무 즐거워.
— 널 만나면 마음이 항상 편해.
— 넌 늘 한결같아서 믿음이 가.
— 언제까지나 내 곁에 있어 줄 거지.
— 네가 없었다면 너무 힘들었을 것 같아.
— 관심을 갖는 것은 매우 중요하단다.
— 너를 만나서 더 좋은 사람이 되어 가는 것 같다.

말은 힘이 세다

　천고마비天高馬肥의 계절이 돌아왔다. 말이 살찐다 한들 사람이 하는 말에 살이 찜과 어디 같을쏘냐. 아름다운 초추청풍初秋淸風 시절에 한마디를 하더라도 좋은 기운을 불러오는 말, 긍정의 말, 희망적인 말, 예쁜 말, 고운 말, 아름다운 말을 많이 하면 좋겠다.
　요즘 말의 파장이 너무 빠르고, 힘이 엄청나다. 세 치 혀끝이 백만 군사보다 강하다는 말을 피부로 느끼고 있다. TV, 라디오, 신문, 잡지, 인터넷, 특히 페이스북, 트위터, 카카오톡, 밴드, 인스타그램 등 SNS의 등장으로 말 한마디의 파장이 너무나 빠르게 퍼지고, 엄청난 힘을 가지는 시대다. 정제되지 않은 우스갯소리, 농담 삼아 무심코 내뱉은 한마디가 사회적으로 큰 파장을 몰고 오고 심지어는 자신의 인생을 송두리째 무너뜨린 사례를 주변에서 쉽게 볼 수 있다.
　말이 힘을 가지고 있는 만큼 말을 잘 다스려야 한다. '웃자고 하는 말에 초상 치른다.', '센 입심이 화를 부른다.', '입 살이 보살'이라는 옛말도 있다. 입으로 저주를 하면 그 사람의 운명도 기울어져서 결국에는 소리대로 간다. 화는 입을 통해 들어오고 병균도 입을 통해 들어온다. 혀를 다스리는 3가지 방어막이 있다. 첫째는 '이齒'이고, 둘째는 '입술'이고 셋째는 '손바닥'이 있다. 이 얼마나 다행스러운 일인가.

말은 화禍만 부르는 것이 아니다. 복을 불러오기도 하고 성공의 기운을 불러오기도 한다. 말은 그 자체로 이끄는 힘이 있고 이루려는 힘이 있고 주술적인 힘이 있기 때문이다. 내뱉은 말은 살아 숨 쉬는 인격 그 자체다. 할 수 없는 말, 거짓말을 쏟아 내면 자신의 인격을 스스로 망가뜨리는 것이다.

무엇을 '할 수 있다'고 말을 내뱉는 순간 우리 뇌가 70% 정도는 이룰 수 있는 프로세스를 작동시킨다고 한다. 말이 이끄는 긍정적인 효과다. 세계 정상의 권투 선수였던 무하마드 알리는 "내 성적은 말이 50%를 이루었다."라고 말하곤 하였다. 우리 선조들도 코를 풀 때도 흥興하라고 '흥흥' 하였다.

말은 긍정적 사고의 위력이 있으며 창조하는 힘이 있으며 치유하는 힘도 있다. 그러므로 한마디를 하더라도 진심을 담아야 한다.

관자管子가 강조했던 말과 관련된 내용이다. '범언이불가복 행이불가재자 유국자지대금야凡言而不可復 行而不可再者 有國者之大禁也(되풀이하지 못할 말이나, 두 번 다시 못 할 행동은 나라를 다스림에 있어서 삼가야 한다.)'

오늘은 이 말을 하고 내일은 저 말을 하면서 자신이 했던 말을 기억하지 못하고 다시 반복할 수 없다면 그것은 분명 잘못된 것이다. 자신이 했던 말을 믿고 따른 상대를 기억해야 한다. 말이 갈지之자면 걸음걸이도 갈지자가 아니겠는가?

흔히 '들을 청聽'은 귀 이耳 + 임금 왕王 또는 천간의 임壬 + 열 십十 + 눈 목目 또는 그물 망网 + 한 일一 + 마음 심心이라는 6개 한자의 조합이라 말하고, 성스러울 성聖은 귀 이耳 + 입 구口 + 임금 왕王 또는 천간의 임壬으로 구성되어 있다고 한다. 남의 말을 들을 때 집중해서 들어야 하기 때문에 매우 커다란 왕 같은 귀가 필요한 것일까?

'ㄱ'을 보고 'ㄴ'이라 읽고, '나'를 '너'라고 읽으려는 사람들의 심보는 어딘지 모르게 삐딱하게 모가 나 있고 기울어져 있다. 내 편이 'ㄱ'이라 말하면 'ㄱ'이라 알아듣고 잘했다며 손뼉을 치고, 상대편이 'ㄱ'이라 말하면 'ㄴ'이라 오해하고 악의적으로 'ㄱ'이 아니고 'ㄴ'이라 우긴다.

같은 말을 하는데 뜻이 왜 다를까? 똑같은 말인데도 '내 편'이 말하면 귀에 순하게 잘 받아들이고, '네 편'이 말하면 귀에 거슬리고 어색해한다. 다른 사람의 말을 잘 들어야 자신이 말을 할 때도 힘이 들어간다. 그래야만 상대방도 잘 들어 준다.

어렸을 때부터 자주 들어 왔던 속담 속의 '말'을 모아 본다.

— 말이 씨가 된다.
— 웃느라 한 말에 초상난다.
— 말 안 하면 귀신도 모른다.
— 발 없는 말이 천리를 간다.
— 말이 많은 집은 장맛도 쓰다.
— 말 한마디에 사람이 죽고 산다.
— 말 한마디가 천 냥 빚을 갚는다.
— 쏜 화살은 주워도 뱉은 말은 못 줍는다.
— 말이 고우면 비지 사러 갔다가 두부 사 온다.
— 가루는 칠수록 고와지고 말은 할수록 거칠어진다.

말 한마디로 사람을 살릴 수도, 죽일 수도 있다. 말에는 향기香氣도 있고 독기毒氣도 있다. 말로써 사람을 바꾸고 세상을 바꿀 수도 있다. 고기는 낚시로 잡고, 사람은 말로써 잡는다고 하지 않는가? 무심코 내뱉은 말이 새끼 쳐서, 이자 붙어서, 나에게로 되돌아온다.

다른 사람을 배려하는 예쁜 말을 하는 습관이 몸에 배고 혀에 길든다면 황당한 설화舌禍는 언제든지 피할 수 있다. 소리 없이 후진해 오는 트럭, 털 속에 숨어 있는 고양이의 발톱, 잘 다듬어진 고슴도치의 가시를 조심해야 하듯 사람은 늘 혀를 조심해야 한다.

> 따뜻한 말은 나눌수록 기적을 일으킨다
> 사소한 나눔일지라도 나누면 나눌수록 즐겁고,
> 행복한 마음이 다른 사람의 마음속으로 자꾸 퍼져 나가게 된다
> 나의 행복을 조금씩 쪼개면 더 많은 사람이 행복을 맛보게 된다
> 예쁜 말 예쁜 미소를 옆 사람에게 나누다 보면
> 세상이 온통 환해지는 기적도 일으킬 수 있음이다

04:
말言 '꽃'이 풍년 들다

꽃 등에 올라타고서

 벚꽃은 말없이 삭막했던 천지를 아름다운 세상으로 바꾸어 놓는다. 밤사이 만발滿發하였다가 눈이 되어 흩날리고 비가 되어 흩뿌리고 있다. 왜 이리 서둘러 떨어지는가 하였더니, 봄 가뭄에 신음하는 대지를 위해 단비를 예비하였나 보다. 그렇지 않고서야 이리 빨리 내려앉을 일이 무엇이란 말인가.
 아침나절에 다 보기 아까워서 조금 남겨 두었더니 저녁나절에 와 보니 후다닥 다 떨어져 버렸네. 권불십년權不十年 화무십일홍花無十日紅도 아닌 화무일일홍華無一日虹이 되어 버렸구나.
 엄마 등에 업혀 잠이 든 아이가 눈동자를 꼼지락거린다. 이내 눈을 뜨고서 입으로는 웅얼웅얼하고 팔을 허공에 대고 허우적거린다. 덩달아 사뿐사뿐 내리던 꽃잎들도 사납게 쏟아진다. 조그만 아이 얼굴을 온통 꽃잎으로 뒤덮을 기세다. 눈이 가려지고 입이 보이지 않으니 이를 어쩌나. 꽃잎이 엄마 젖 내음에 취해 모두 다 달라붙는다. 아이는 한 잎 두 잎 떼어 내기에는 역부족이라 생각했는지 냅다 한 바퀴를 뒹

군다. 머리를 세게 휘저어 본다. 끈질기게 버티던 꽃잎들은 그래도 살아남아 엄마 등에 꽃물을 들이고 있다. 엄마도 마음껏 꽃놀이하고 싶다고 말하고 있다.

할머니 굽은 등에 올라타는 녀석들, 할머니는 아무렇지 않게 새우등을 내준다. 그곳에도 꽃잎들이 수북이 쌓인다. 그냥 그 자리가 편해서 잠시 쉬어 가려 한다. 그 마음을 알아차린 할머니는 굽은 등을 오랫동안 펴질 않고 있다. 바퀴가 넷 달린 지팡이를 짚고서 꽃길을 그렇게 예쁘게 다듬고 있다. 꽃잎과 함께 걷고 있다. 감동이 흐르는 꽃 터널이 할머니의 정성으로 이렇게 완공되고 있다.

꽃 등에 올라타서 춤을 추는 녀석도 있다. 윙윙거리며 꽃술을 여기저기 찔러댄다. 영혼 없는 영혼마저 탈탈 빨아가려는 듯 아픈 빨대를 꽃술을 향해 거침없이 찔러대고 있다. 빈손은 빈속을 채울 수 없다지만 꽃 등 위에 누워 봄 햇살을 봉침蜂針인 양 여기저기 쏘이고 있다. 벚꽃 한 잎이 나의 빈 머리통으로 흘러내린다. 물 한 방울도 튕긴다. 병아리 눈물만큼이다. 벌건 대낮이니 이는 빗물은 아닌 듯하다. 벌 똥 아니면 별똥이 떨어진 것이겠지.

피어도 그만 져도 그만이라는 생각이 왜 필요한가? 꽃이 피면 아름답고 지면 슬프다고 말해야 하는 것 아닌가? 두 살배기 아이는 엄마 젖을 빨다 트림 안 하면 등을 한 대 얻어맞는다. 막걸리 마시고 트림하는 것과는 차원이 다르다. 아이는 더 많은 젖을 빨기 위해서는 트림을 해야 한다는 것을 본능적으로 알아차린다. 트림을 시켜 젖을 더 많이 물리고 싶은 엄마의 배고픈 마음을 어찌 존경하지 않을 수 있겠는가?

일만 쎄빠지게 하고 있다고 불만만 뒤지게 늘어놓는 사람은 사장일까 종업원일까? 주인의 마음과 머슴의 마음이 어찌 같을 수 있겠는가? 상사나 사장은 자리를 지키고 앉아 있는 자체로 그 몫의 50%를 한다고 한다. 그들이 자리를 비우는 순간 종업원이나 부하 직원들은 이미 긴장이 떠난다. 그러니 일인들 제대로 할 것이며 없는 일을 어찌 더 하려 할 것인가? 꽃구경하기도 바쁘다고 웅웅 울어 댄다. 완도 명사십리 울모래도 그렇게 울었을 것이다.

　사법고시 시험 문제 한 개 더 맞추었다고 평생을 갑질 방석에 앉아 있는 판검사들이 자꾸 뉴스거리가 되고 있다. 민심 알아보기 문제로 시험을 보면 그들은 아마 꼴찌를 면하기 어려울 것이다. '제발 민심을 따라가는 공부 좀 해라.'라고 호통치는 스승이 보이지 않으니 너나없이 악동惡童이 되어 버렸나 보다.

　민심은 나와 친하지 않다고 주장하는 그들, 직업이 사기꾼, 피의자, 모사꾼이라 하면 비난받을 일인가? 그러면서도 그들은 '세상의 리더'라 우긴다. 별것도 아닌 것을 가지고 잘났다고 우기고 있다. 상추를 회로 싸 먹어야 맛있다고 큰소리치는 꼴이다. 존경의 마음이 눈 녹듯 점점 사라지고 있다.

　막걸리 한잔, 이 빠진 양은 술잔에 부어 놓고 햇빛 넘실거리는 창밖을 들쳐 본다. 꽃잎 하나 떨어질 때마다 아쉬움을 달래려 그 꽃잎 안주 삼아 한 잔 더 들이켠다. 막걸리는 걸릴 게 없다고 두 잔이 석 잔이 된다. 아직은 사납지 않은 봄볕이 온몸을 쑤석거린다. 내가 꽃 등을 타고 있는가? 꽃잎이 내 등에 매달려 있는가?

　춘향春香이 아닌 화향花香에 취했나 보다. 기다리는 인향人香도 오늘은 만 리 밖에서 다가오고 있겠지?

내 생각이 짧았어

 익숙함을 벗고 어색함에 도전해 보자. 창의력과 창조성이 의심과 궁금증을 동반하면 인류의 편리성을 위해 다양한 상품을 만들어 낸다. 바쁘다는 핑계로 한 걸음도 걷기 싫어 굴러가는 바퀴에 올라타는 편리성에 기대어 지낸다.
 요즘에는 물 한 모금 마시는 시간조차도 아까워 더 빨리 더 빨리를 외치는 참을성 없는 조급증 환자가 늘어간다. 아무리 비싼 상품이라도 사용함에 조금이라도 불편하다 느끼면 홀라당 벗어 던져 버린다. 그런 사람에게 번개를 닮은 디지털적 사고가 아닌 황소걸음 같은 아날로그적 사고를 말하면 실례가 될까?
 늪에 발이 빠지면 빼내려 할수록 더 깊은 수렁으로 들어간다. 익숙함에 몰입되면 더 깊이 집중하고 더 심하게 빠져든다. 그러다 보면 새로운 길 어색한 길을 선택한다는 게 그리 쉽지 않다.
 누구나 아는 방식대로 살면 누구나 다 이룰 수 있는 정도에만 머무를 것이다. 새로 산 청바지에 땟국물이 덕지덕지 물들어 가도, 다른 사람들이 보기에 표시 나지 않으면, 그냥 입던 대로 입고 다니게 된다.

　이렇게 되면 청바지가 본래 지니고 있던 원색은 온데간데없게 된다. 그 성질을 찾아내는 데 꽤 많은 시간이 필요하게 된다. 그동안 쌓였던 땟물은 빨아도 빨아도 잘 지워지지 않는다. 그렇다고 이상한 세제洗劑를 사용하면 청바지의 성질도 색상도 크게 바뀌게 된다.

　이전에 가졌던 생각과 조금 다르게 생각해 보면 전혀 다른 세상을 볼 수 있다. 생각이 요술을 부린다. 그럼에도 손바닥 뒤집듯 생각을 바꾸기란 쉽지 않다. 앞에서만 바라볼 수 있는 그 절경絶景이나 비경祕境 너머에는 뾰족한 절벽이거나, 혀를 넣었다 뺐다를 무한 반복하며 나의 발길을 유혹하는 독사들의 소굴이 있을지도 모른다.

　뒤편에서만 바라보며 살아온 사람은 입이 쩍 저절로 벌어지는 절경이 있다는 사실을 꿈엔들 생각이나 하겠는가. 항상 바라보고 있는 세상에 머물면 그 세상 너머를 어찌 바라볼 수 있겠는가?

　깡패를 깡패라 하면 깡패한테 혼나고, 깡패가 아닌 사람을 깡패라 우기면 착한 사람들이 지지해 준다고 착각하는 정치인이 많은 듯하다. 어느 날 갑자기, 깡패라는 단어가 왜 뉴스의 중심에 서는지 모르겠다. 착한 뉴스, 가슴 뭉클한 감동이 넘치는 뉴스도 많을 텐데 말이다.

　좋은 것을 보려 하지 않는 눈이 게으름을 피우고 있는지, 나쁜 짓거리만 찾아다니는 발걸음이 마음을 속이고 있는지 알 수 없지만, 속마음을 한바탕 뒤집어 보면 좋겠다. 입맛 돋우는 봄나물 캐듯 좋은 뉴스도 캐내면 좋으련만.

　20층에 머물러 있는 엘리베이터가 1층까지 내려오려면 시간이 좀 걸린다. 그럴 때면 '왜 이리 늦는 거야?' 하면서 불평불만을 토로한다. 어느 층에서 조금 더 미적거리면 참을성이 폭발한다. '아니 엘리베이터가 자기 건가, 왜 이렇게 오랫동안 잡아 놓는 거야.' 하면서 공중도

덕에 문제가 있는 사람이라 낙인을 찍는다. 그 사람도 빨리 내려가서 급하게 일을 보아야 하는 마음은 '나'와 같을 것이다. '나'의 시간은 귀하고 '너'의 시간은 하찮다는 생각에 갇히면 정말이지 곤란하다.

'나만'이 아닌 '그 사람도'를 떠올리자. 그 짧은 시간에도 긍정의 신호를 보내 보자. 작은 차이지만 그것으로 말미암아 세상을 바꿀 수 있는 씨앗이 뿌려진다. 내 생각이나 판단이 틀린 적이 한 번도 없었다는 오만한 착각 속에서 빠져나오자. '내 생각은 항상 옳아야만 한다.'라고 주장하면, '그놈의 성질은 여전하구나.', '그놈의 똥고집은 변하질 않네.' 하면서 그 옆자리가 비어 있어도 누구 하나 다가가서 앉으려 하지 않을 것이다.

'내 생각이 짧았어.'라는 한마디, 수만 개의 훈풍薰風을 일으킬 것이다. '어머, 이놈이 왜 이래.' 하면서 그간의 사정이 궁금해서 옆으로 다가올 것이다. '너'와 '나'의 생각이 다름을 인정하는 순간, '내 생각이 틀릴 수도 있다.'라고 인정하는 순간, 세상은 그만큼 넓어진다. 인정의 폭이 클수록 인품의 바다도 함께 넓어진다.

꽉 막힌 사고의 틀을 깨뜨려야 창의적인 생각과 도발적인 행동이 나오는데, 과거의 익숙함으로 미래의 어색함을 어떻게 극복할 것인가? 생각이 굳으면 몸도 마음도 함께 굳는다. 인생의 참된 성공은 나이가 들수록 다른 사람들이 나를 점점 더 좋아하게 만드는 것이 아닐까?

맛보면 못 참지

날씨가 제법 따뜻해졌다. 옆의 나라는 넘치는 홍수에 힘들어하고, 바다 건너 어떤 나라는 가뭄과 폭염暴炎 때문에 대지가 타들어 가고 있다. 조금만 걸어도 땀방울이 송알송알 배어 나온다. 올여름의 지독한 무더위 예고편인 듯하다. 시원한 냉수 한 잔이 그립다. 그 냉수가 바로 복福이 아닐까.

복伏날이 다가오면 습관적으로 '복달임' 음식을 찾지만, 복날이 아니더라도 '복福 드림' 음식은 지천으로 널려 있을 것이다. 주는 복은 뭐고 먹는 복은 뭐꼬? '개떡같이 말해도 찰떡같이 알아들으시게.', '세상 뭘 그리 복잡하게 계산하며 살려고 해. 그냥 주는 복도 복이고 먹는 복도 복이지.'

오늘도 '복 많이'는 복 받으러 오는 사람에게 복 많이 내주고 있다. 그들에게 빚진 것도 아닌데 이름값 하느라 복을 무한정 베풀고 있으니 이름 없는 천사가 따로 없다. 음식점 이름을 '복많이네집'으로 결정한 사장님도 넉넉한 복 많이 받을 것이다. 암튼 날마다 복 타령하는 사람들에게 복 많이 나누어주는 것은 선한 덕을 쌓는 일이라 생각한다. 누가 시키는 대로 하는 것보다 스스로 알아서 베푸는 복이 훨씬 더 효과 만점 아닌가.

생업이나 생계를 밥에 비유한 표현이 제법 많다. 밥벌이, 밥줄, 밥그릇이 대표적이다. '밥값 좀 해라.'라고 다그치기도 하고 '밥심을 내야 일할 수 있다.'고 밥 타령을 하기도 한다. 그만큼 먹고사는 데 필요한 밥은 중요하다. 그러니 밥벌이를 찾지 못하고, 밥줄이 끊기는 상황에 직면하면 누구나 감사를 잊고 고달파 한다. 탯줄만 생명 줄인 줄 알았는데 밥줄도 생명 줄이었구나.

관자管子가 중요시했던 것도 먹고사니즘의 해결이었다. 창름실즉지예절倉廩實則知禮節(곡식 창고가 가득하면 예절을 안다), 창름실이영어공倉廩實而囹圄空(백성의 생계가 풍족하게 되면 자연히 죄를 저지르는 사람이 없게 되므로, 따라서 감옥監獄은 텅 비게 된다는 뜻)에 그 뜻이 잘 나타나 있다.

함포고복含哺鼓腹(배불리 먹고 배를 두드림. 풍족하여 즐겁게 지냄을 뜻함)을 누리고자 하는 마음도 여전하다.

어느 작가의 글 중에 아래와 같은 일화가 있었다. 금강산도 식후경이라는 말이 달리 생겨났겠는가.

> 아이들과 어떤 도시를 여행하던 중, 이야기의 주제가 그리스 로마 신화로부터 문명의 발생 등이었다. 큰아이가 "아, 그러니까 이 도시는 청동기 시대의 모습을 간직했고, 그다음은 여기는 철기시대 유적이 있고, 그다음은…. 아빠, 철기시대 다음은 무슨 시대지?"
> 곰곰이 생각하려던 찰나, 둘째 아이가 대답하기를 "뭐긴 뭐야 먹기

시대지. 아, 배고파."

불평불만이 넘치는 감옥과, 감사와 기도가 충만한 수도원의 공통점은 일반인으로부터 조금은 격리된 곳이라는 것이다. 이런 곳에서 고립에 대한 불평불만을 갖느냐, 아니면 자신을 성찰할 수 있음에 감사하느냐에 따라 골방에 갇힌 어둠의 삶을 살든지 광명의 세상으로 나올 수 있음이다.

고독한 골방 탈출의 가장 확실한 방법은 감사를 외치며 사는 것이다. 두 사람의 인생을 갈라놓을 수 있는 건 결국 매사에 감사하는 마음을 가졌느냐 안 가졌느냐 하는 것이다. 집 나간 행복을 제자리로 돌아오게 하는 방법도 감사인 것이다. 감사의 생활화, 감사의 외침은 우리들의 운명을 송두리째 바꾸어 놓는다.

방문 없는 방에 아이들을 가두어 놓고서 밤새 방전된 핸드폰 배터리 충전하듯 지식의 급속 충전을 감시하는 부모의 시뻘건 눈은 무엇을 바라보고 있을까? 성적 떨어지는 꼴을 더는 못 참겠다는 듯 날마다 애들 방문 앞에서 불침번을 서고 있는 것이 아닌가 말이다. 아이들을 지식 공부만을 위하여 독방에 가둔 채 지혜가 아닌 지식 로봇으로 만들면서 감사하는 마음보다 감시가 먼저라고 주장하니 온 동네가 싸늘한 불야성이다.

어느 참치집 사장님의 '맛보면 못참치'라는 상호를 보면서 '감사를 맛보면 그냥 못 참지.'를 외쳐 본다.

빨간 사과 홍옥보다 더 붉게 익어 가는 햇살이 구르고 있다. 먹거리 찾아 발품을 부지런히 팔아야 할 귀한 시간이다. 입맛 당기는 맛있는 음식을 찾아 맛 거리로 뛰쳐나갈 시간인 것이다. 불평불만 가득하고 고소 고발만 가르치는 동네에서 '복많이네집', '기쁨이네집'은 어디쯤 서 있는가?

맛 거리는 배고픔에 둘러싸여 있나이다.

명당을 찾는 사람, 명당을 만드는 사람

명당을 찾는 사람, 명당을 만드는 사람은 분명 마음이 다르다. 명당에서 상서로운 기운이 발복하여야만 씨알 굵은 인물이 나오는 것일까? 복을 짓는 인물이 명당을 만드는 것일까? 명당에 터 잡았다고, 그것 믿고 까불면 명당의 기운은 소리 소문 없이 떠난다. 우리가 찾는 명당은 멀리에 있지 않다. 집 가까이에 있다. 그것도 내 몸 안에 있음이다.

명당은 풍수지리에서 말하는 좋은 묏자리나 집터를 말한다. 명당이라는 자리에 묘를 쓰면 후손이 부귀영화를 누리게 된다고 하며, 지리적, 환경적으로도 길지吉地를 일컫는 말이다. 명당은 발복發福과 깊은 관련이 있다. 사람이기에 복 받음을 모두 좋아한다. 복을 더 차지하고 싶어서 밤낮없이 찾아 헤맨다.

궁금한 대목은 한 번 발복했던 자리를 다른 사람이 사용해도 계속 발복하는가이다. 그리고 그 복을 다른 사람과 나눌 수 있는가이다. 요즘에는 명당을 인위적으로 만들어 버리는 경우도 흔하다. 앞산을 허물고

뒷산을 높이고 앞마당에 개울을 만들면 이론적으론 배산임수背山臨水의 명당이 따로 없다.

우공이산愚公移山이라고 명당의 지형을 그대로 모방하여 옮겨 놓으면 후세의 지관인들 어찌 알겠는가? 이런 터에서도 발복을 하는가? 이런 식으로 누군가의 복을 훔쳐 오는 것은 아닐까?

사람들은 살아서는 좋은 환경을 갖춘 집터에서 살기를 원하고, 죽어서는 땅의 기운을 얻어 영원히 살기를 원한다. 그래서 사람들이 땅에 대한 기대나 바람을 논리화시킨 것을 풍수지리설이라 할 것이다. 산 사람을 양陽, 죽은 사람을 음陰이라 하며, 거기에 따른 주거지를 각각 양택陽宅 · 음택陰宅으로 구분하기도 한다.

풍수에서 요체가 되는 장소인 혈穴은 양기陽基(집)의 경우 거주자가 실제로 삶의 대부분을 얹혀사는 곳이고, 음택陰宅(묘소)의 경우 시신屍身이 직접 땅에 접하여 그 생기를 얻을 수 있는 곳이다. 명당은 이 혈 앞의 넓고 평탄한 땅을 일컫는다.

대륙의 지각판이 움직이면서 지진도 일어나고 화산도 폭발한다. 지각판은 계속해서 움직이고 있다. 따라서 양택, 음택에 흐르는 기운도 항상 바뀌고 있다. 그러므로 좌청룡 우백호라 부르는 명당의 기운도 항상 변할 것이다. 그렇다면 붙박이로 정해진 명당도 없다는 것이 아니겠는가?

자신이 묻혀서 후손을 위해 발복하겠다면 그 고귀한 희생정신이야말로 높이 사야 한다. 하지만 조상님의 은덕이 묻혀 있는 발복하는 자리를 찾아다님은 결국 자신이 그 음복을 다 차지하겠다는 심보가 아니고 무엇이겠는가?

어찌 땅에만 운수 대통의 기운이 있을까? 수많은 별님이 떠다니는 하늘에는 없는 것일까? 가상의 공간 메타버스에도 명당이 있다고 하는데 그곳은 어디일까? 무에서 유를 창조하는 인터넷상의 드넓은 홈페이지에도 정말 명당이 있을까? 죽은 명당이 아닌 살아 있는 명당은 어디에 있을까? 모두가 궁금해하고 모두가 찾고 싶은 그 명당은 어디에 숨어 있는가?

살아서 팔딱거리는 내 심장이야말로 그 좋다는 어느 명당보다 더 좋은 자리임을 우리는 자주 잊고 산다. 아니 한평생 잊고 사는지도 모를 일이다. 가슴 한쪽에 세를 얻어 사는 자신의 주먹만 한 심장, 그곳이 참 명당이다. 건강한 심장이 멈추지 않고 계속 뛰어야 무병장수할 것 아닌가.

머리 한구석에 좌를 틀고 있는 예쁜 생각, 살아있는 명당을 만드는 필수 조건이다. 정수리에서 나와 밑으로 흘러내리는 기운이 생각의 길을 따라 가슴을 연다. 심장으로 들어와 또다시 힘차게 내뿜으며 온몸을 돌아다닌다. 배꼽으로, 다리로, 손끝으로 쉼 없이 그 선한 기를 보내준다. 막힘없는 그 순환이 축복이고 은덕이다.

살아 있는 동안 내가 품고 있는 선한 생각 선한 행동만큼 따라오는 것이 복이니 내 마음이 명당이라 해도 틀린 말은 아닐 것이다.

발품 팔아 명당 찾고, 마음 팔아 행복 찾는 사람들, 사람과 사람 사이에 스스로 오작교를 놓지 않으면 그 무엇으로 발복의 기운을 이어오겠는가. 손을 내밀고 발을 내딛고 마음을 열어야 잡고 밟고 품고 할 수 있는 것이 아닌가. 예쁜 생각, 예쁜 행동이 우선이다.

꽃이 활짝 피기까지는 주인의 손길은 바빠야 한다. 함께 키운 그 꽃을 바라볼 때 모두가 웃을 수 있다. 발복은 다른 사람의 마음을 열고, 이음에서 시작한다. 그 복은 우리 모두의 것이 될 것이다.

사랑이 머물다 간 자리

　어떤 사람이든 그가 떠나고 나면 그 사람에 대한 평가가 있게 마련이다. 다시 만나고 싶은 사람과 별로인 사람으로 나뉜다. 어느 명소를 다녀오고 나면 이 또한 호불호에 대한 평가가 따른다. 다음에 다시 꼭 찾아오겠다든가 아니면 두 번 다시 오지 않겠다는 불편한 마음가짐 등이 있을 것이다. 사랑이 머물다 간 자리는 말해 무엇 하랴. 사랑이 아프다고 투정하는 자리였을까, 사랑이 아름답다고 노래하는 자리였을까?

　어떤 사람이 모임에 참석하면 분위기가 확 바뀌는 경우가 있다. 참석자들의 반짝반짝 기다렸다는 눈빛이든, 찔끔찔끔 불편한 눈치를 보는 눈빛이든 둘 중 하나일 것이다. 누가 화면 밝기를 환하게 아니면 어둡게 조정했을까?

　'네가 없을 때는 분위기가 초라했는데, 네가 오면서 분위기가 화기애애해졌네.' 이런 소리를 듣는 사람이 되고 싶지 않은가요? '그 사람이 없으니 일이 잘 돌아가질 않네.', '든 자리는 표가 나지 않아도 난

자리는 표가 나는 법이다.' 등등. 우리는 이웃에게 이런 말을 듣고 싶어 하며 살아가는 것이리라.

　아름다운 사람을 만나면 사진을 찍고 싶은 이유가 뭘까? 흔적을 남기고 싶은 이유는 뭘까? 추억으로 보관하고 먼 훗날 한 가닥씩 꺼내 보고 싶어서 그러는가? 그것을 꺼내 볼 때마다 악몽이 떠오르는 것보다 행복한 미소가 피어나는 그런 사연을 담고 싶은 것은 아닐까. 이왕이면 흐뭇한 미소가 피어나는 추억거리가 많으면 좋지 않겠는가.

　잠시 머물다 돌아서는 그곳, 떠나는 그곳이라도 다시 오고 싶은 아름답다고 느낄 만한 이유를 만들고 찾아보자. 떠나는 뒷모습이 아름다운 사람, 그대가 머물다 간 그 자리에 향기가 배어날 때 비로소 너의 존재 가치를 깨닫게 됨이다. 너무 늦지 않았으면 좋겠다. 당신의 자리가 소중했음을 깨닫는 시간이….

　봄날이 흐르다 만 언덕에 봄날이 다시 돌아오겠다고 외치며 떠나가고 있다. 엄마 속치마 들썩거리다 못 본 듯 안 본 듯 은근슬쩍 지나간 바람처럼 봄은 그렇게 지나가고 있다. 그리움이 솟고 아픔을 느낄 수 있음은 우리가 건강하게 살아 있음의 역설이고, 계절의 흘러감은 다시 돌아온다는 역설일 것이다.

　〈그때 그 자리에〉 노랫말에서 세월의 무상함을 엿볼 수 있다.

　　　둘이서 바라보니 아름답구나 사랑이 싹트는 그곳
　　　둘이라서 좋았네 둘이라서 좋았네 그때 그 자리
　　　혼자서 바라보니 볼품없구나 사랑이 떠나간 그곳
　　　혼자라서 싫었네 혼자라서 싫었네 그때 그 자리
　　　바윗등에 새긴 언약 만 개의 바람 되고
　　　청보리에 매단 사랑 비바람에 날아가네

보름달에 기댄 믿음 이리저리 흔들리고,
솔방울에 걸린 소망 참새들이 쪼아가네
아───── 못 잊을 사랑
나의 마음 불난 사랑 너의 마음 태운 사랑
나의 마음 비운 사랑 너의 마음 텅 빈 사랑
그때 그 자리엔 참새 똥만 쌓이고
그때 그 자리엔 물이끼만 쌓이네

 빈손으로 왔으니, 손에 쥐고 있는 것은 모두 덤이다. 생각도 마음도 빈 상태로 왔으니, 머릿속 잡념들도 모두 덤이다. 세상 안으로 가져온 것 없으니 세상 밖으로 가져갈 것도 없을 것이다.
 악마의 유혹은 누구에게나 다가온다. 길을 걷다 보면 만나고 싶지 않지만 '도로 위 바퀴벌레'는 피할 수 없지 않은가. 이것 또한 덤일 것이다. 바람처럼 날아다니는 오토바이, 따릉이, 킥보드, 난폭한 택시 등을 만나면 유쾌하지는 않다. 우리는 그들을 '도로 위의 바퀴벌레'라 부른다. 권력을 걸레로 만들고, 그 걸레를 물고 맛있다고 떠들고 있는 이상한 사람도 상식이 통하는 '사회의 바퀴벌레'가 되어가고 있음이다. 그들을 만나지 않을 권리, 지금 우리에게 필요한 것이리라.
 품격은 혀끝에서 나온다고 하지 않는가. 미움의 가시를 빼고 그 빈 자리를 사랑으로 채워 보자. 사랑으로 새살이 돋아나게 해 보자. 세월은 항상 그 자리에 머물 것 같지만 돌아서면 그 자리가 아니니라. 그러니 내가 머물다 간 자리를 언제나 향내 나는 자리, 다시 오고 싶은 명소로 만들면 좋지 않겠는가.
 그대가 남기고 간 그 자리, 맑은 물이 감로수 되어 졸졸 흐르고 빛나는 별이 감미로운 음악으로 내리는 안식처가 되면 좋겠다. 그 자리에 있어야 빛이 나는 사람, 그 자리에 있어야 다른 사람이 빛이 나는 사람, 그런 사람이 곁에 있어 행복함을 느낄 수 있는 사람이 되어 보자.

  청보리가 몸을 부대끼며 바람을 일으키다 그 바람에 자신이 드러눕다 일어선다. 청보리는 그렇게 밤새 운다. 바람이 그칠 때까지….

시詩가 되는 아름다운 삶이여

　즐거운 마음으로 시작하는 하루도 한 편의 시가 되고, 우울한 마음으로 시작하는 하루도 한 편의 시가 된다. 어제의 생각이 오늘 다르고 오늘의 생각이 내일이면 또 다르다. 그래서 날마다 새로운 시어詩語 한 글자를 찾아내는 즐거움이 쏠쏠하다. 자고 나면 쏟아져 나오는 신상품은 구경하는 재미도 있지만 구매하고 싶은 마음이 불끈불끈 솟기도 한다.

　그러한 일상의 감정이 한 겹 두 겹 포개지면 이엉 이어가듯 굴비 엮이듯 그렇게 웅장한 서사시가 된다. 한 자字를 발굴하고 끄적거리다 보면 한 줄 한 줄 쌓인다. 쌓이다 보면 나를 닮은 한 권의 대하소설이 된다. 그렇게 자신이 느끼고 생각한 대로 한 편의 시나리오를 써 내려가는 것이 인생이다.

　손으로 머리로 가슴으로 쓴 시도 있을 것이다. 가슴으로 찾아낸 글자로 써야만 울림을 줄 수 있고 세대와 공감하고 시공時空을 뛰어넘을 수 있다. 눈으로는 볼 수 없어도 귀로는 볼 수 있는 사람도 가슴으로는 쓸 수 있음이다.

즐거우면 즐거운 단어를 우울하면 우울한 단어를 더 많이 캐낸다. 그날그날의 마음 상태에 따라 바구니에 담기는 단어들이 확연히 다르다. 그래서 마음가짐이 참 중요하다. 살아서 파닥거리며 돌아다니다 보면 살아 있는 단어를 발견할 수 있기에 곧 시의 영역이 넓어지게 된다.

한 편의 글을 완성하기 위해 가슴 속 열정을 모두 태우면서 걷고 뛰어야 함의 당위성이 여기에 있다. 한 아름 꽃다발 속에서 가장 아름다운 꽃송이를 찾아내는 수고로움은 즐거움이 아니던가. 해어화解語花 한 송이 치켜들 때면 어찌 행복하지 아니하겠는가.

'잘한다', '사랑한다', '기대한다'라는 말, 어린아이에게는 젖 물림이다. '탄핵하라', '퇴진하라', '특검하라'라는 말, 정치꾼들에게는 사탕발림이다. 무지몽매한 정치꾼들이 아는 단어는 그것밖에 없나 보다. 미운 구석이 하나도 없고, 예쁜 구석이 너무너무 많은 사람도 수두룩한데 왜 하필 보면 볼수록 화나게 하는 사람들을 만나야만 하는가?

특별한 것을 별 볼 일 없게 만드는 기술은 누구에게서 배웠을까? 국민의 심장에 독화살 쏘는 기술은 언제 배웠을까? 사람들을 기분 좋게 하는 말도 널렸는데 기분 나쁘게 하는 말을 왜 저리도 잘할까? 정말 피하고 싶은 부류다.

바람이나 달빛은 주인이 없어서 가는 곳마다 넉넉하고 공평하다. 봄날의 산빛은 밤비 내리는 소리에 화들짝 놀라 희끄무레한 얼굴색이 푸르게 돌변한다. 듬성듬성 구름은 내 마음 아는지 모르는지 무심하게도 모였다 흩어지면서 따뜻한 햇볕을 가로막고 파란 하늘을 가린다. 둥근 달의 푸짐함은 작년과 같건만 인정의 메마름은 예년과 다르더이다.

선 바윗돌 이마가 누운 바위에 구르면, 봄바람은 이룬 것 없이 숨을 헐떡거리며 왔다 갔다 한다. 종달새 따라온 농부님네 마음도 덩달아 바쁘다. 에스컬레이터 위에서도 더 빠르게 걷고 뛰어야 살아남는다고, 엘리베이터 안에서도 그 어디엔들 기어올라야 살아남는다고 아우성친다. 살아가는 길이 참 울퉁불퉁하다.

생각이 쏠리고, 의식이 뭉치고, 사고가 막히면, 내 마음속 빈 자리도 좁아진다. '오늘이 힘들면 내일은 즐거워야 하리.' 그런 기대라도 있어야 내 육신도 편히 쉬지 않겠는가. 허기진 영혼에 탁주 한 잔 부어 본다. 진실을 마셨는지 거짓을 마셨는지 혀꼬부랑은 세월의 허리를 닮아 간다.

세월을 사냥하다 허망하게 놓쳐 버린 아름다운 표현들이 달리는 차창車窓 너머로 즐비하게 걸린다. 고독과 친해져야 하고, 중년 시래기 신세를 면해야 하기에 생각이 또 분주해진다.

남의 추위를 빌려 오는 꽃샘추위도 멀어져 간다. 남의 눈물을 빌려 오고, 남의 진실을 빌려 오는 거짓 삶을 이제는 그만 거두어야 하리. 나의 두 발로 걸을 수 있음이 환희고, 두 귀로 들을 수 있음이 감사이고, 숨 쉴 수 있음이 행복이다. 함께 살아왔음이 축복이라 노래를 불러야 하리. 눈 감으면 지나간 흔적들이 아름다운 단풍잎처럼 책갈피에 곱게 꽂힌다. 누군가의 가슴을 울리고, 누군가의 추억 속에 곱게 자리 잡고 있기를⋯.

조용한 도랑물 소리가 흔적을 채우며 흐른다. 굴러가는 추억이 졸졸졸. 흘리는 눈물방울이 줄줄줄. 이끼에 미끄러지다 돌돌돌. 바위에 부딪히다 둘둘둘. 앳된 소나무 머리 위로 뜨뜻미지근한 둥근 햇살이 굴러 오른다. 온몸으로 품는다. 인생은 페달을 밟는 순이 아니라는 말이 귓가에 맴돈다.

먼 길 돌아가는 나의 성공 사다리는 아직도 빈칸이 빼곡하다.

'인생을 즐겁게 지낼 뿐인데 부귀가 내 몸을 수고롭게 한다.'

— 김시습의 〈草盛豆苗稀〉 중에서

엄마의 마음을 닮아 가는 큰누이

저는 몇 년 전 어머니가 돌아가시자 누님 댁에서 멀지 않은 양주 불곡산에 수목장樹木葬으로 모셨었다. 어머님이 보고 싶을 때면 그냥 편하게 그곳을 찾는다. 그럴 때면 농사를 짓고 계시는 누님 댁을 방문하여 일손을 거들곤 했다.

밭에서 바쁘게 손놀림을 하고 계시는 누님은 제가 찾아가면 반가움도 제쳐 두시고 하던 일을 계속하신다. 논이며 밭이며 해야 할 일들이 눈앞에 수두룩하게 널려 있으니 그것을 먼저 해치워야 하는 마음이 앞서 그럴 것이라 믿는다. 저도 인사는 건성으로 하고 쌓인 일감을 줄이기 위해 곧바로 일을 시작하곤 했었다.

다만 누님 댁을 떠나올 때가 되면 누님의 마음은 급해지셨다. '어딘가에 준비해 둔 수확물들이 있을 것인데.' 하면서 밥숟가락을 들었다 놓았다 하고, 저장 창고로 달음박질하고, 밭으로 내달리곤 하셨다. 챙겨 주고 싶은 마음이 마구 샘솟는가 보다.

시골에 사셨던 어머니는 자식들 도회지로 유학 보내 놓고서 한참 만에 집에 오면 있는 것 없는 것 모두 싸 주시고 한 숟가락이라도 더 먹여 보내려 하셨는데 누님의 마음도 엄마의 마음을 그렇게 꼭꼭 닮아 가고 있었다. 말은 하지 않아도 챙길 것 다 챙겨 주고도 또 빠진 것이 있나 없나 사방팔방 또다시 살피는 것이었다.

며칠 전, 절임 배추 가져가서 김장하라는 전화를 받고 밤늦게 누님 댁을 찾았다. 누님 댁에 들어서자, 집안을 며칠 동안 비워야 하는데 씨암탉에게 먹이를 줄 수 없게 되었다며 닭을 모조리 잡고 계셨다. 그 귀한 암탉을 동생들에게 한 마리씩 안겨 주시려는 누님. 받는 동생들이 부담스러워할까 봐서 그렇게 말씀하신 것은 아닐까.

누님의 마음은 땅 위의 산정호수보다, 하늘 아래 떠다니는 파란 호수보다 더 넓고 더 아름답다. 저 닭을 어떻게 요리할까? 백숙으로 할까? 장조림으로 할까? 고민하고 있는데 "오래된 씨암탉이니 오랫동안 삶아야 한다."라고 귀띔까지 해 주신다. 그렇다면 백숙보다는 장조림을 해 두고 오래도록 삶아서 떡국 끓여 먹으면 제격일 거라는 생각이 들었다.

모질게 견디고 끈질기게 버텨온 씨암탉의 날개와 다리는 질기고 질기다. 좀체 물러지지 않는 악바리 근성을 지니고 있었나 보다. 오랫동안 삶아야 한다는 말씀이 이제야 이해가 되었다.

요즘 암컷이 설친다고 때아니게 눈살 찌푸려지는 논쟁이 심화되고 있다. 암탉이 울면 달걀을 낳는다는 사실을 정녕 모르고 하는 소리일까? 동물에게 쓰는 단어를 사람에게 쓰면 그것은 분명 잘못된 것이다. 사람을 동물로 비하卑下하는 것이다.

동물에게 동물격動物格이 있다면 사람에게는 분명 인격人格이 있을 것이다. 누군가의 딸, 부인, 어머니, 할머니가 되시는 분들을 '암컷'이라 비하했다면, 본인이 알고 사용했든 모르고 사용했든, 그 사람의 인격을 무시하는 표현이기에 분명 고쳐야 할 말이다.

다른 사람의 인격을 무시하는 사람은 그 무시할 권리를 누구한테 부여받았다는 말인가. 무시당하는 사람은 자신을 무시하라고 말한 적이 없을 텐데 갑자기 그런 대접을 받게 되면 기분 좋을 리 없다. 주먹다짐하지 않으면 다행한 일인 것이다. 분노가 폭발한 동물에게 이성적 판단을 요구할 수는 없다. 특히 먹이를 앞에 둔 그들은 죽기 아니면 까무러치기로 싸운다. 무조건 극복하고 이겨 내야 할 상대로 여길 뿐이다.

우선 나부터 살고 보자는 생각으로 덤비고, 앉아서 죽느니 서서 과감하게 싸우다 죽겠다 하면 상대가 누구인들 쉽게 이길 수는 없을 것이다. 사람도 화가 치솟으면 동물이 되는가 보다. 아름다운 인격을 지닌 사람은 저돌적으로 덤비고 무자비하게 물어뜯는 이성 잃은 동물을 닮지 않았으면 좋겠다.

김장 맛있게 하라 하시며 차에 듬뿍 실어 주신 누님의 사랑 목록이다. 타이어가 무겁지만 '감사합니다.'를 외치며 납작하게 누워 절을 한다.

"알배추, 절임 배추, 쪽파, 대파, 양파, 갓, 무, 무생채, 일반 고춧가루, 청양 고춧가루, 생강, 마늘, 쌀, 씨암탉, 달걀, 단호박, 노란 호박, 콩, 두부, 들깨, 참기름, 삶은 옥수수, 도토리 가루, 묵, 밤, 감자, 고구마, 수수, 뽕나무버섯, 상추, 얼갈이, 청국장, 떡국떡, 만두, 땅콩, 엄마의 마음" 등등.

언제 이렇게 많은 것들을 준비해 두었는지 참으로 고맙고도 감사할 일이다.

묵직하고 넉넉한 마음 안고 집으로 오는 길에 어머니가 계신 불곡산 너머 서녘 하늘을 바라보았다. 붉게 물든 석양 노을에 걸터앉은 엄마를 닮아 가는 큰 누님의 얼굴이 나를 바라보고 있는 듯하니 왠지 숙연해지는 마음이다. 이 고운 빚을 언제 갚을까? 텅 빈 저장 창고를 무엇으로 채워 드릴까?

오늘은 '남 일', 내일은 '내 일'

투표권을 가지고 있는 유권자들을 '극한 직업'으로 내몰고 있다. 대선 투표일이 코앞으로 다가왔지만 어떤 후보를 선택해야 좋을지 결정할 수가 없다고 야단들이다.

요즘 트로트가 대세를 형성하면서 트로트 가수 선발대회가 우후죽순으로 늘어나고 있다. 경연대회에 참가하는 가수들의 실력이 비등비등 엇비슷하다 보니 심사하시는 선배 가수분들이 무척 고통스러워하는 모습을 자주 보게 된다.

스포츠 경기는 사람의 마음이 끼어들 수 없도록 기계나 장비가 측정한 숫자로 우열을 확실하게 가려 준다. 간혹 심판의 오심을 기계가 올바르게 잡는 경우가 발생하기도 하나, 참가 선수들은 대부분 그 결과에 불만 없이 승복한다. 기계가 판정을 내리는 숫자에는 사사로운 감정 개입이 배제된 것이기에, 참가자들 사이에서 오해나 다툼이 일어나지 않는다.

하지만 마음이나 감정이 관여할 수밖에 없는 가수 선발전에서는 사정이 좀 다른 듯하다. 노래하는 실력이 서로 비슷비슷하면 아무래도 자신과 인연이 있는 사람을 선택하기가 쉽다.

문제는 마음이 끼어든 판정이다. '너'와 '나'의 사사로운 감정이 개입되면 탈락자들의 불평불만과 비난이 있을 수 있다. '객관적이지 않고 아주 주관적이다.', '나는 모르는 심사위원인데 너는 아는 심사위원이었다.'라고 불만을 토로하는 것이다.

참가자들을 모두 알고 있는 심사위원이 얼마나 될까마는, 심사위원들과의 평소 친소 관계가 당락에 영향을 미치는 것은 부정할 수 없을 것이다. 그래서 심사위원들도 지극히 객관적으로 판정했음을 증명하기 위해 애를 쓰면서 아주 힘들어하는 모습이었다. 눈길도 마음도 애매모호曖昧模糊하다.

누군가를 선택해야 함에 있어, '좋은 쪽'으로 선택할 때는 나와의 좋은 감정이 작용하고, '나쁜 쪽'으로 선택해야 할 때는 나와의 나쁜 기억들이 항상 영향을 미치게 된다. 누군가를 떨어뜨려야 한다면 나의 뇌 속에 저장된 온갖 나쁜 기억들만 떠오를 것이고, 누군가를 합격시키려 한다면 그 사람에 대한 온갖 좋은 추억들만 떠오를 것이다.

선택의 기로岐路에 섰을 때, '어떤 쪽'으로 선택하느냐에 따라 사람의 뇌는 좋은 감정이나 나쁜 기억을 소환해 낼 수 있다는 것이다. 그렇다면 어떤 결정을 함에 있어, '좋은 쪽'으로 생각하면 내 기억 속의 좋은 감정이 떠오르니 내 기분도 좋아질 것이고, '나쁜 쪽'으로 생각하면 나쁜 감정을 소환해 내니 내 기분도 덩달아 나빠지게 될 것이다.

여러 명 중에서 한 명을 선택해야 한다고 했을 때, 그중에서 더 '좋은 쪽'으로 선택해야 정신 건강에 이롭다. 결국에는 좋은 감정이 더 많았던 사람이 선택될 것이다. 덜 '나쁜 쪽'으로 선택하겠다고 하면, 여하튼 간에 나쁜 감정이 떠오르게 되고, 그러면 은연중에 자신의 기분도 나빠진다. 나쁜 감정은 자신을 더 기분 나쁘게 만드는 것을 경험으로 알 수 있다. 그러므로 여러 명 중 한 명을 선택해야 할 때는 반드시 더 '좋은 쪽'으로 선택하는 것이 좋다.

대선 투표일이 가까워지면서 유권자들의 마음도 바빠지고 있다. 이 후보도 싫고 저 후보도 마음에 들지 않는다고 말한다. 그러면서 한 명은 꼭 뽑아야 하니 기분이 더 더럽다고 한다. '기권하면 될 일 아닌가?'라고 물으면, '투표할 권리는 절대 포기할 수 없다.'라고 외친다.

그렇다. 투표권을 가진 유권자들은 지금 괴로워하고 있다. 투표를 포기하기도 싫고 뽑을 후보들도 싫다고만 떠들고 있다. 그렇게 말하고 있는 사람들에게 한마디 하고 싶은 것은, 대통령 선거를 바라보는 '관점'을 바꾸어 보자는 것이다.

'후보자들이 다 나쁘다'라고 평가하기 전에, '덜 나쁜 후보를 뽑아야겠다.'라고 하기 전에, '덜 좋은 후보는 밀어내고 더 좋은 후보를 뽑겠다.'고 생각의 관점을 바꿔 보자는 것이다.

'더 나쁜 후보'를 생각하면 스트레스를 더 많이 받는다.
'덜 좋은 후보'를 생각하면 스트레스를 덜 받는다.
'더 좋은 후보'를 생각하면 스트레스는 확실히 사라진다.

옆집에 쓰레기가 쌓이면 내 집 아니라고 다른 사람들과 합세해서 쓰레기를 옆집에 버리기 시작한다. 그러면서 절대 '내 일'이 아닌 '남 일'이라 생각한다. 그러나 자고 나면 그 쓰레기 더미가 커져서 내 집 대문을 막아선다. 그때 서야 '내 일'이었구나 하고 생각하면 이미 늦다. 오늘은 '남 일'인 것이 내일은 '내 일'이 되는 것이다.

컨테이너에서 피어난 야생화

 봄동이 맛있게 익어 가는 시절이다. 이른 새벽 동이 트기 전, 무겁고 무거운 눈꺼풀이 위아래 없이 딱 달라붙어 있어 억지로 떼어내기도 힘들다. 이리저리 뒤척이다 가까스로 이불 동굴에서 기어 나온다. 구석구석 온몸이 찌릿찌릿하고 쑤신다.
 서둘러 면도와 세면을 하고 아침밥은 폴짝 건너뛴다. 노트북이 들어 있는 백팩을 확 잡아채 둘러메고 지하철 시간에 늦지 않게 현관문을 나선다. 낮에는 제법 포근한 느낌이 들지만 꼭두새벽은 아직도 차갑다.
 비몽사몽 지하철역에 도착하면 항상 타야 하는 열차가 전역前驛을 출발하고 있다. 열차 문이 열리는데 내리는 승객은 없다. 서둘러 올라타면서 빈 좌석이 어디에 있는지 눈동자를 이리저리 바쁘게 굴린다.
 어느 승객이 먼저 내릴지 승객의 행색을 살피고 그 사람 앞에 선다. 운 좋은 날에는 서너 정거장 지나면 자리에 앉을 수도 있지만, 운이 좋지 않으면 환승역까지 20여 정거장을 서서 가게 되는 경우도 허다하다. 이럴 땐 '오늘은 기분 좋은 운이 닿지 않네.' 하면서 참고 견딘다.

지친 몸이 원하니 눈과 마음이 자꾸만 빈자리를 찾아 헤맨다. 건강한 육체에 건강한 마음이 깃든다는 말은 참으로 맞는 말이다.

100여 분 동안 지하철과 버스로 환승, 도보 이동을 반복하면서 작업현장에 도착한다. 매력 하나 없고 멋없이 서 있는 네모난 컨테이너에 몸을 비비듯 쑤셔 넣고서 가져간 노트북을 켠다.

아직 함께 일하는 다른 동료들이 오지 않아 고요하다 못해 적막이 흐른다. 마른 솔잎 하나 떨어지는 소리만 간간이 들려온다. 고도의 집중으로 정신이 또렷해지기 시작하자 아기 해가 어린 소나무 사이로 방긋방긋 솟아오르며 얼굴을 내민다.

푸른 용이 빨간 여의주를 물고 승천하려는 듯 붉게 물든 아침 햇살에 상서로운 기운을 받고 '나는 지금 행복하다.'라고 외친다. 꿀맛 같은 시간이다. 나 혼자만의 새벽 시간이 이렇게 감사할 줄이야 어찌 알았겠는가. 지금 이 시각, 이곳으로 달려 나오지 않았다면 아직도 이불과 사투를 벌이고 있지 않을까 생각해 본다. 내 삶을 행복으로 이끌어 가는 참 소중한 시간이다.

괸 턱 사이로 해가 굴러 올라오고, 어둠을 물리치는 동이 터오면 행복한 단어들로 하얀 모니터를 수북이 채운다. 바다는 채워질 수 있어도 욕심은 채울 수 없다고 하나, 빈 영혼에 행복을 가득 채우고 있다. 24시간을 온통 행복으로 물들이기에는 지금 30분이면 족하리라.

더 넓은 세상을 구경하고 꼭꼭 숨어 있는 잠재력을 찾기 위해 출퇴근에만 왕복 4시간, 작업하는 데 8시간을 쓰고 있다. '일상의 일탈', '궤도 이탈', '엉뚱한 짓', '새로운 물꼬' 등등, 전혀 생뚱맞은 일을 벌이고 있다. 설마 잘못된 길을 가고 있더라도 지금 행복하면 잘된 길이라 믿는다. 미친 짓거리는 분명 아닐 것이다.

작업장에 들어갈 때는 안전한 작업을 위해 핸드폰을 아예 사무실에 놓아둔다. 필요하지 않은 인연이 어디 있으련만 그래도 좋지 않은 인연을 하나둘 정리하는 시간이기도 하다. 단체 카톡방에 쌓여 있는 글과 부재중 전화를 볼 때마다 회신을 기다리는 사람들에게 미안하고 죄송한 마음이 들기는 한다. '답신이 왜 이리 더딘가?'라고 나무라는 사람도 있지만, '숨넘어가는 급한 일이 아니기에 그저 다행이구나.' 하고 웃어넘긴다.

뇌도 조금은 쉬어야 하지 않을까. 쉼이 있어야 숨을 쉴 수 있는 것이 아니겠는가. 일편단심으로 한 가지 주제에만 밤새 몰두한다고 성과가 쑥쑥 나오는 것도 아닐 것이다. 『히든 포텐셜』의 저자이자 심리학자인 애덤 그랜트는 '저녁에 부업을 한 사람들이 다음 날 업무 수행 성과가 훨씬 좋았음'을 밝혔었다. 한평생 살아가는 동안 자신이 좋아하는 일 몇 개쯤은 도전해 볼 필요가 있음이다.

사방이 온통 나를 바라보고 있다. 지하철역 스크린도 나를 훑고 있다. 버스에 오르면 수많은 눈동자가 나를 바라본다. 골목길에 서 있는 CCTV도 나의 일거수일투족을 주시하고 있다. 매장에 세워 둔 마네킹 신세다. 핸드폰 액정 사이로 내 얼굴이 잠시 스친다. 그리고 그 속으로 잽싸게 빨려 들어간다. 내 입을 통해 나오는 말과 내 손으로 써낸 글들이 나를 바라보고 있는 사람들에게 선한 영향을 끼치면 좋겠다.

고개 한번 쳐들고 하늘을 볼 때마다 생각의 깊이가 한 계단 더 높이 쌓인다. 들판을 향해 한 걸음 걸어 나갈 때마다 내가 밟은 세상이 한 평씩 더 늘어난다. '자르고 돌리고 뚫고 풀고 닦고', 아름다운 취미는 아닐지라도 이렇게 하루를 보내고 나면 내 삶의 한 페이지도 야野한 꽃으로 피어날 것이다.

한로寒露가 상강霜降을 건널 때

 태양의 궤도 변화에 따라 1년이라는 기간을 24절기로 나누는데 한로寒露는 17번째 절기로 이슬이 찬 공기를 만나 서리로 변하기 직전의 시기이다. 상강霜降은 18번째 절기로 한로寒露와 입동立冬 사이에 들며, 이 시기는 가을날의 밤 기온이 많이 낮아지는 때이다. 따라서 수증기가 지표에서 엉겨 서리로 내리며, 온도가 더 낮아지면 얼음이 얼기도 한다.
 이슬은 복사 냉각으로 지면 근처에 있는 암석, 나뭇가지, 나뭇잎, 풀잎 등에 얹혀있다 온도가 이슬점 이하로 내려가면 이들 위에 공기 중의 수증기가 응결하여 맺히는 작은 물방울이다. 서리는 대기 중의 수증기가 지상의 물체 표면에 얼어붙은 것이다.
 기온이 크게 내려가도 바람이 불거나 구름이 끼면 서리는 거의 발생하지 않는다. 노결위상露結爲霜이라, 차가운 이슬이 풀잎에 물방울처럼 맺히다 서리가 되려 한다. 서리가 내린다는 것은 잠깐이라도 영하의 기온이 스쳤다는 것이 아니겠는가. 이럴 때 미리 월동越冬 준비를 해야 한다.

 이슬과 서리가 자리다툼을 하면 들판의 곡식들은 어찌할 것인가? 이슬과 서리는 같은 수증기가 변한 것인데 왜 이슬을 맞으면 곡식이 무럭무럭 자라고 서리를 맞으면 하얗게 마르거나 빨갛게 타들어 갈까? 서로 좋아하는 마음이 다르기 때문일까?

 잎채소는 잎과 비늘잎이 분화하여 생장하다가 어느 시기에 도달하면 잎이 오므라들어 속이 차는 결구結球 과정을 거친다. 옛날에 어른이 되면 상투를 틀었다는데 성인이 되었다는 표식이 아닐까 생각해 본다. 사람도 나이가 들어갈수록 속이 꽉 차면 좋겠다. 어렸을 적엔 속이 꽉 차라고 볏짚으로 배추 포기를 묶어 두었다. 겉잎 한 장도 정말 소중한 시절이었다.

 이슬과 서리에 관한 사자성어들을 살펴보면 인식에 조금 차이가 있음을 알 수 있다. 이슬은 어머니의 따뜻한 품 같은 온화함 같은 뜻이 많고 서리는 아버지의 위엄 같은 날카로운 느낌이 더 많은 듯하다.

 춘로추상春露秋霜에서, 春露는 은택恩澤을, 秋霜은 위엄威嚴을 비유적으로 표현하기도 한다. 바람을 먹고 이슬 맞으며 잠잔다는 뜻의 풍찬노숙風餐露宿은 객지에서 많은 고생을 겪었음을 이르는 말이다. 우로지택雨露之澤은 이슬과 비의 덕택이라는 뜻으로, 왕의 넓고 큰 은혜를 이르기도 한다. 인생초로人生草露는 사람의 삶은 풀잎에 맺힌 이슬과 같다는 뜻으로, 해 뜨면 이슬처럼 사라질 덧없는 인생을 비유하는 말이며, 부운조로浮雲朝露도 자주 쓰인다.

 동식물에 성장 촉진제, 성장 억제제를 투여하면 어떤 현상이 생길까? 남들보다 빨리 먹고 싶으면 촉진제를, 철 지난 시절까지 남겨두고 오랫동안 먹고 싶으면 성장 억제제를 뿌릴 것이다. 구름 가듯 바람 가듯 흘러가는 세월을 그대로 놓아두면 좋으련만, 굳이 비틀어서 빨리

가게도 하고 더디 가게도 한다. 나만의 속도로 익어 가야 맛있는 인생이 될 것이다. 다만 벌레들이 쪼아 먹지 못하도록 적당한 속도로 중단 없이 익어 가야 한다. 그러다 보면 탐스럽게 잘 익을 것이다.

가을이 다가오는 길목에서 조선시대에 오언명구五言名句를 모아 편찬한 추구집推句集에 있는 한 구절을 소개한다.

> 로응천편옥露凝千片玉 : 이슬이 어리니 천 조각의 구슬이요,
> 국산일총금菊散一叢金 : 국화菊花꽃이 뿌려지니 한 무더기 황금빛이라.
> 백접분분설白蝶紛紛雪 : 하얀 나비는 흩날리는 눈송이요,
> 황앵편편금黃鶯片片金 : 누런 꾀꼬리는 조각조각 금빛이로다.

가을 햇볕에 담금질 된 피부는 황금빛을 뽐내고, 별빛으로 문지른 피부는 백옥처럼 눈부시고, 달빛에 그을린 피부는 청옥으로 빛날까? 자연은 그렇게 아름다움을 조건 없이 주려 하는데, 마음에 병을 품고 사는 사람들은 그 아름다움을 사납게 일그러뜨리려 한다.

혼잡한 지하철 출입문에서 물고기도 아닌 것이 물밀듯 내리려는 사람 사이를 비집고 들어가려고만 하는 고약한 심보, 선선한 바람에 모두 실려 가면 좋겠다.

별을 노래하는 사람이여 그 입을 아름답게 하자. 달을 노래하는 사람이여, 그 마음을 곱게 하자. 누가 햇볕에 올라탄 피부는 까맣고, 달빛으로 문지른 피부는 하얗다고 노래하는가?

오늘은 내가 제일 행복한 사람이야!

띵 똥 띵 똥!!!
소중한 ○○○님께서 보내신 행복한 선물 고객님 마음에 놓고 갑니다!!!

행복하고 싶은가요? 그렇다면 지금 당장 '나는 행복한 사람이다!'라고 큰 소리로 외쳐 보십시오. 행운을 안고 싶은가요? 그렇다면 지금 당장 '나는 행운을 붙잡은 사람!'이라고 외쳐 보십시오.

외쳐 보지도 않고 행복하지 않다고, 행운이 내게로 다가오지 않는다고 불평하지 말자.

황금보다 소중한 것이 지금이다. 지금 즉시 행동하지 않으면 행복이 다가오겠는가? 행운이 따라오겠는가? 그렇다면 지금 당장 '나는 행복하다.' '행운이 내게로 오고 있다.'라고 외치자. 배고프다고 울지 않는 아이에게 젖을 물릴 리 없고, 아프다고 말하지 않으면 어디가 아픈지 알 길이 없다. 보고 싶은 사람이 있다면 생각만 하지 말고 지금 당장 찾아가서 만나라.

오늘은 선물이다. 선물을 받으면 대부분의 사람들은 행복해한다. 포장지 안의 내용물은 그다음 문제다. 무엇이 들어있는지는 포장지를 풀어 보아야 알 수 있다. 내가 원하는 물건이 들어있으면, 내가 그토록 갖고 싶어 했던 물건이라면 나도 모르게 박수를 치며 환호성을 지른다. 그러면서 선물을 보내 준 사람을 아주 좋은 사람이라고 생각한다.

그런데 내가 원하지도 좋아하지도 않는 물건이라면 크게 기뻐하지는 않는다. 하지만 그 사람을 미워하지도 않는다. 나에게 선물을 보냈을 때는 그 선물을 받고 내가 기뻐해 주기를 바라는 마음이 함께 들어있기 때문이다. 그러니 어떤 선물을 보냈더라도 결코 그 사람을 미워할 수는 없는 것이다.

그 사람이 선물을 고르면서 느끼는 행복한 마음을 무작정 훼손하거나 무시할 권리는 나에게 한 푼도 없다. 누구든지 선물을 보내면서 그 선물을 받고서 기분 나쁘게 생각하라고 보내지는 않는다. 특별한 사람, 소중한 사람이라 생각하면서 선물을 준비해서 보내는 그 사람의 마음은 언제나 아름답다. 그러니 언제나 고마운 것이다.

혹시 당신은 다른 사람들에게 선물을 보내 보았는가? 아름다운 마음으로 선물을 보내지만, 그 선물을 받아 들고서는 누구나 행복해하지는 않는다. 아무에게나 행복을 선물로 보낼 수는 있지만 누구에게나 행복을 안겨 주기는 쉽지 않다.

정성을 들인 선물이 어떤 사람에게는 행복의 선물이 되고, 어떤 사람에게는 행복하지 않은 선물이 될 수도 있다. 그리고 선물을 받는 사람들이 느끼는 행복의 크기도 제각각이다. 복을 담는 그릇의 크기도 입꼬리의 높이도 들쑥날쑥하다. 마음의 크기도 모두 다르다. 중요한 사실은 선물 받을 사람이 그 선물을 받아 들고 행복해하기를 바라는 것처럼 나에게 선물을 보낸 사람의 마음도 그러하다는 것이다.

  오늘이라는 시간은 분명 선물이지만 모든 사람에게 행복감을 주는 것은 아니다. 누군가에게는 오늘이 괴로운 날이 될 수도 있다. 피곤함에 찌든 사람은 이른 새벽에 일어나는 것이 싫어 오늘이 좀 더 천천히 오기를 원할 것이다. 밤을 잊고 사는 사람들은 꼭두새벽 시작하는 오늘이 그다지 반갑지 않을 것이다.

  다가오는 시간이나 값비싼 귀한 물건이 모든 사람에게 기쁨을 주는 유용한 물건이 될 수 없는 것처럼, 오늘이라는 귀한 선물도 모든 사람에게 행복으로 다가오지는 않는가 보다. 하지만 대부분의 사람들은 선물을 받으면 기분이 좋고 행복해하는 것처럼, 오늘이라는 시간을 누군가가 나에게 보낸 귀한 선물이라 여기면 오늘을 행복으로 시작할 수 있지 않을까요?

  맛있는 것은 혼자 독식하고 귀한 물건은 나 홀로 갖고 싶어 하는 것처럼, '나에게 주어진 값비싼 행복', 오늘만큼은 소중한 애인 다루듯 귀하게 다스려 보자. 오늘은 좋은 날이고 오늘은 나에게 큰 선물이고 그 선물은 곧 나에게 큰 행복을 가져다줄 거라 믿어 보자. 그러면 오늘은 내가 제일 행복한 사람이 된 것이다. 오늘이 내 인생에서 가장 행복한 날이다. 내가 살아 있는 지금 이 순간이 오늘을 가장 특별한 날로 만들 수 있는 절호의 기회인 것이다.

  바람결에 실려 가는 행복을 웃음 그릇으로 듬뿍 담아내는 하루이기를 기대해 본다.

너부터 행복했으면 좋겠다!

　다른 사람이 행복하고 잘되기를 원하면 자신도 즐겁고 행복해진다는 말과, 다른 사람이 잘되면 배가 아프고, 잘못되면 기분이 좋아진다는 말도 있다. 준 것 없이 미운 사람이 있는 반면 무조건 잘되도록 도와주고 싶은 사람도 있다.
　사람들의 마음속에는 이미 다른 사람의 불행을 보고 즐거워하는 속성이 숨어 있는지 모를 일이다. 그렇다면 진심으로 다른 사람의 고통과 슬픔을 함께 애통해하는 사람들은 모두가 위선자일까? 우리들은 어느 편에 줄을 서야 더 행복할 수 있을까?
　필자는 다른 사람에게 너그럽고 관대하면 자신이 행복해진다는 것을 믿고 싶다. 뇌의 가소성을 굳게 믿는 편이다. 뇌는 행복을 생각하면 행복의 길로 안내하고 불행을 생각하면 불행의 길로 인도한다고 한다.
　그러므로 다른 사람의 불행을 나의 행복 씨앗으로 삼는 것보다 다른 사람들이 잘되어서 그들이 웃는 모습이나 행복해하는 미소를 나의 행복 밑거름으로 삼으면 온 세상이 달콤한 향기가 넘실거리는 꽃밭이 되리라 굳게 믿는다.

심리학 용어 중에 경쟁자로 여기는 사람이 천부적인 능력을 지니고 있어 자신이 아무리 노력해도 따라가지 못할 때, 그 사람에 대해 느끼는 절망감이나 질투심 또는 열등의식이 생기는데 이를 '살리에리 증후군Salieri Syndrome'이라 한다.

'샤덴프로이데Schadenfreude'는 손해나 불행을 뜻하는 독일어 '샤덴Schaden'과 기쁨, 환희의 뜻을 담은 독일어 '프로이데freude'를 합성한 것으로 타인의 불행에서 기쁨을 느낀다는 의미를 담고 있다.

일본 교토대 의학대학원의 다카하시 히데히코Takahashi Hidehiko 교수는 친구들이 불행한 일을 당했다는 소식을 들었을 때, 뇌는 즐거움과 만족감을 발생시키는 보상회로인 '복측선조체ventral striatum' 활동이 더 활발해지고, 질투를 강하게 느낄수록 불안한 감정이나 고통을 느낄 때 활성화되는 '배측전방대상피질dorsal Anterior Cingulate Cortex'의 반응이 활발해진다고 주장했다.

특히 질투의 대상자가 자신이 몸담은 분야에서 두각을 나타내고 잘 나가는 친구이거나 자신과 밀접한 관련이 있는 사람일 때, 더 강한 질투를 느끼며 그들이 불행을 겪을 때 뇌는 더 즐거워한다고 하였다.

나에게 넘치는 혜택이나 눈곱만큼의 피해도 준 적이 없는 다른 사람의 불행을 보면서 즐거워하고 손뼉을 치는 사람, 다른 사람들을 무조건 끌어내리려 애를 쓰는 사람, 어떻게 해서라도 잘 숨겨진 흠집을 찾아내려 눈을 부릅뜬 사람들이 늘어나고 있다.

그들은 행복한 기억으로 불행한 기억을 덧칠하면 결국 행복한 기억만이 남는다는 사실을 모두 잊고 사는가 보다. 다른 사람의 행복을 기원할 때 뇌는 엔도르핀과 도파민, 옥시토신 등의 행복감과 즐거움을 주는 쾌락 물질을 분비하고, 다른 사람의 성공을 시기하거나 그들의 불행을 좋아하면 코르티솔이라는 스트레스 물질을 분비한다는 사실을 정말 모를까?

뇌는 상대의 불행으로부터 자신이 이익을 보려는 기대감이 있을 때, 상대가 꼭 불행한 일을 당해야 한다고 원하고 있을 때, 그 상대가 불행해지면 기쁨을 느끼게 된다고 한다. 그렇다고 다른 사람의 불행을 꿀맛처럼 달콤하다고 참기름처럼 고소하다고 너무 행복해하지 말자. 상황이 뒤바뀌면 나의 불행을 보고 다른 사람이 기뻐할 수도 있다.

'행복하게 살고 싶은가?'라고 물으면 대부분 행복하게 살고 싶다고 대답할 것이다. 내가 행복한 삶을 원한다면 다른 사람이 먼저 행복해지기를 응원해 보자. 나에게 다가오는 행복의 속도가 훨씬 빨라질 것이다.

아이오와주립대학교 심리학 교수인 더글러스 젠틸은 '다른 사람에게 친절을 베풀면 불안감이 줄어들고 자신의 행복감은 더 커진다.'라고 하였다. 이것은 다른 사람의 행복을 빌어줄 때 자신도 더 행복해진다는 뜻일 것이다.

행복, 바라만 볼 것인가, 다가갈 것인가?

행복해지려면 끊임없이 찾아내야 하고 선택해야 하고 연습도 해야 한다.

소중한 너에게 값진 행복을 선물하고 싶다. 하루하루를 행복으로 물들이고, 행복이라는 작은 사치를 마음껏 누려 보시게.

행복해하는 너를 보면서 나도 날마다 행복한 사람이 되고 싶다.

05:
'해어화解語花'를
만나다

같은 말도 예쁘게!

 지난 주말 축구장에서 있었던 일이다. 팀의 리더 격인 선수가 다른 선수들의 잘못된 점을 쉴 새 없이 지적했다. 한 사람 한 사람씩 돌아가며 나무라듯 지적을 했다. 지적받는 사람이야 어찌 기분 좋을 리 있겠는가.
 본인이 잘못하여 소속 팀이 이길 수 있는 게임을 놓쳤거나, 더 재미나게 더 파이팅 넘치게 찰 수 있었음에도 단순한 실수로 팀의 분위기가 가라앉았다는 자괴감에 빠져 괴로워하고 있는 이때, 불쑥 이런저런 지적을 당하면 반성하면서 미안해하던 마음에 오기가 발동한다. 뭘 잘못했는지는 차후 문제다. 참으려던 마음이 '욱'한다. 그러다 보면 튀어나오는 말투나 표현도 거칠어진다.
 어떤 사람은 '왜 나한테 공을 못 주게 하는데!' 하며 따지는 것이었다. 건강과 힐링을 위한 게임 참가자들이 서로에게 불만이 늘고 불평이 많아지면 그 게임에서 이긴다 한들 그 얼마나 즐거움이 있겠는가. 사람을 모이게 하고, 자꾸 내 쪽으로 끌어들이는 말이 아닌 지구 밖으로 밀어내고 저 멀리 도망가게 하는 말이 무성해지면 단합은 물 건너

간 것이나 다름없다.

'내가 하는 말 한마디 한마디가 모여 나의 초상화를 만든다.'는 격언이 생각난다.

사람은 누구나 자신이 하는 말에 의해서 자기 자신을 판단 받게 된다. 긍정적인 말을 하고 다른 사람을 배려하고 인정해 주는 말을 자주 하는 그 사람은 분명 공감 능력이 뛰어난 사람일 것이다. 그 사람 곁에는 사람이 모이게 된다.

흐르는 물도 도랑이 깊은 곳에서는 그 속에 잠시나마 머물다 지나가게 된다. 다른 사람의 마음이 내 마음에서 내 말 속에서 조금이나마 쉬었다 가게 하는 기술이 필요하다.

중앙에 있는 미드필더midfielder를 거쳐 좌·우측 선수에게 공이 공급되면 경기가 수월하게 풀린다. 이처럼 자신의 마음이 넓고 깊으면 다른 사람들의 마음은 물론이고 시선과 발걸음도 잠시 자신의 마음을 거쳐 가게 할 수 있고, 이런 삶이라면 늘 그 사람 곁에는 수많은 사람의 달콤한 사랑의 속삭임이 함께할 것이다.

당신의 미소가 누군가에게 행복을 전하고, 당신과 만나는 시간은 언제나 기쁨으로 가득하다면, 당신은 이미 강한 구심력으로 사람들을 몽땅 끌어들이고 있음이다. 이 얼마나 다행이고 이 얼마나 좋은 일인가.

눈으로 들을 수 있고 몸으로 말할 수 있다면 오해가 설 자리는 없을 것이다. 닭들도 모이를 주면 잘 모인다. 잡으려 손 내밀면 멀리 도망간다. 새우깡 하나 들고 해변에 서 있으면 갈매기들도 달려온다. 그러다 손을 움켜쥐면 날아오던 갈매기도 되돌아간다.

주변에 사람이 모이는 이유는 그 사람이 편하기 때문이다. 그 사람은 분명 상대를 인정해 주고 상대의 말을 귀담아들어 준다. 그리고 자주 웃어 준다. 마음과 영혼의 진실한 속삭임 소리가 크게 들린다. 그런 사람 곁에 있다 보면 복 있는 말, 단맛이 나는 말, 힘이 되는 말을 자주 듣게 된다. 상대가 내 말을 잘 들어 주면 대화가 편하다. 소통의 기본은 경청에서 시작함이다.

많은 말, 명령조의 말, 거짓말, 시기와 질투를 유발하는 말, 부정적인 말, 남의 단점만을 말하면 그 사람 곁에는 머물 사람이 없다. 불편한 상사와 함께 엘리베이터를 기다리는 1분만큼이나 불편하다. 일일一日이 여삼추如三秋가 아니라 일 초가 일 년 같을 것이다.

물체에 끈을 매달고 원운동을 그리도록 회진시킨다면 물체가 원운동을 하면서 바깥쪽으로 들어가는 힘이 느껴질 것인데 이것이 원심력이다. 나에게서 떠나려 하는 것이다. 그리고 원심력이 작용하면서 동시에 물체가 밖으로 탈출하지 않도록 붙잡아주는 힘이 생기는데 이러한 힘이 구심력이다. 나에게로 다가오는 힘이다. 사람이 내 곁으로 다가와야 정이 흐를 수 있다.

예쁜 말을 하는 사람은 듣는 이에게도 긍정적인 변화를 주게 된다. 예쁜 말을 하는 사람은 본인에게도 긍정의 마음을 갖게 한다. 상대를 향한 '예쁜 마음'이 가득하다면, 밖으로 나오는 말이나 표현도 예쁘다. 예쁜 말은 상대방이 경계를 풀고 마음의 거리를 가깝게 느끼도록 도와준다. 힘난한 세상 밖으로 한 걸음 더 나아갈 힘을 주는 것이다.

햇살이 강하면 강할수록 눈을 똑바로 뜰 수가 없다. 정면으로 바라보기 힘들고 찡그리듯 해야 바라볼 수 있다. 달빛은 강하면 강할수록 눈을 크게 뜰 수가 있다. 훤하니 더 잘 보이고 더 가까이 다가갈 수 있다. 강한 햇살보단 은은한 달빛에 사람이 모인다.

'잘하는 사람 밀어주고, 못하는 사람 당겨주자'라는 어느 모임의 건배사가 떠오른다. 오늘은 다른 사람들이 나를 좋아하게 하는 방법을 찾아보아야겠다.

마음을 넓게 쓰면 세상이 넓어진다

어느 지인과 식사를 하던 중 갑자기 시어머니가 주제로 떠올랐다. 팔순 중반을 넘으셨는데도 기억력이 육십 대인 자신보다 훨씬 뛰어나다는 것이다. '그 이유가 뭔 줄 알아?' 하면서 불쑥 내민 말이, '머리를 쓰고 살아야지, 가두거나 먹어 버리면 안 된다.'라고 했다.

그러면서 '머리를 자주 쓰지 않으면 조금 전에 보았던 맥문동이라는 풀이름조차 기억하지 못하고 자꾸 시어머니에게 되묻게 된다.'고 덧붙였다. 쓰지 않아 녹슨 머리로는 방금 본 것조차도 기억하는 게 버거운데, 골방에 갇힌 오래된 추억들을 어찌 생생하게 되새김할 수 있겠는가?

머리를 예쁘게 쓰지 않으면 녹綠이 먹어 버리고 마음을 아름답게 베풀지 않으면 독毒이 쌓인다. 타고난 재능을 아끼고 살다 보면 장롱 속 운전면허증이 될 뿐이다. 소중한 것일수록 감추고 아끼면 똥이 된다는 선현先賢의 말씀은 결코 틀리지 않다.

다른 사람들로부터 '생각 좀 하며 살지.', '머리 좀 쓰며 살지.', '마음

좀 넓게 쓰며 살지.' 등등. 이런 말을 듣기 전에 마음을 '넓게 쓰면 넓어지고, 좁게 쓰면 좁아진다.'는 사실을 깨달으면 좋겠다. 서로 나누고 함께 어울림에 모두 당당하면 더 좋겠지요.

'나이는 혼자 먹어도 머리는 혼자 먹지 말자.'
누군가를 만나지 않으면 말할 기회가 없게 되고, 말을 하지 않으면 마음 쓸 일도 머리 쓸 일도 없게 된다. 혼자 꾸역꾸역 먹는 음식이 무에 그리 맛이 있을까.
물건은 누군가가 쓰지 않으면 그대로 남아 있기도 하지만, 머리나 생각은 자신이 쓰지 않으면 줄어들거나 사라진다. 잊지 못할 소중한 추억조차도 그럴 것이다. 나누는 것이 어디 머리만 있겠는가만 마음도 웃음도 미소도 그럴 것이다.
무덥고 후텁지근한 날들이 이어지고 있다. 이럴 때 '시원한 내 웃음 사이소!'하고 외치면 지나가는 사람이 우스워서 따라 웃을 것이다. 신호등 앞에 서 있는 커다란 그늘막이 웃음 우산인 듯 쉼과 웃음을 나누어주고 있다. 빈손이어도 반갑게 미소 지어 주는 부자의 마음을 나눌 수 있어 좋다. 신호등을 기다리는 짧은 시간에 좁은 공간을 빌려 쓰는 것이지만 그냥 '고맙다.'고 말해 보자. '자주 오면 뭐가 있는가, 아니면 뭐가 생기는가?', '생기긴 뭐가 생긴다고 그래, 정이 쌓이는 것이지.'
만두를 맛두로 읽어 보면 어떨까? 정말 만두가 맛있다는 느낌이 팍팍 올까? 생각의 틀을 바꾸는 엉뚱한 상상을 해 본다. 모순을 극복하면서 새로운 모순을 만들어 내는 것이 우리가 살아가는 삶이 아닌가. 불편을 해소하기 위해 만들어진 물건도 세월이 지나면 오히려 불편을 초래하는 방해물로 변하기도 한다. 고정 관념 또한 그렇다. 그래서 그 불편을 극복하기 위해 또 다른 창조적인 발상을 거듭해야 한다. 그래야 발전과 변화가 일어나는 것이리라.

참신한 기획과 새로운 발상 그리고 엉뚱한 생각들이 우리의 삶을 늙지 않게 한다. 지금은 우레 같은 박수를 받는 말조차도 한 달이 채 지나기도 전에 꼰대 같은 말이 되어 버리기 일쑤다. 늙은 꼰대 선생이 되지 않으려면 부단히 말과 생각을 나누어야 한다.

늙은이와 어른의 차이는 생각의 차이에서 온다고 믿는다. 한 번 쓰고 버려지면 아까운 꽃처럼, 한 번 보고 지나친 사람도 아까울 때가 있다. '아나바다'는 '아껴 쓰고, 나눠 쓰고, 바꿔 쓰고, 다시 쓰기'의 줄임말이다. 우리의 생각도 우리의 마음도 아나바다 할 수 있을 거라 믿는다.

녹슨 생각, 부패한 음식, 떠난 사랑을 볼 때면, 마음과 육신의 게으름을 탓해야 하지 않을까. 백발에 구순을 바라보는 나이에도 치매기 하나 보이지 않는 어른들을 볼 때면 평소에도 꾸준히 머리를 쓰고 있었을 거라 믿어 의심치 않는다. 만 보 걷기는 날마다 도전하면서 머리 쓰는 것에는 왜 평생 게으름을 피우려 하는가?

우리가 기다리는 내일은 결코 오지 않을 것이다. 날이 새면 또 다른 오늘이 있을 뿐이다. 그러니 일어나는 즉시 '오늘은 무조건 잘될 거야!'라고 외쳐야 하리. 오늘이라는 귀한 선물을 받고서도 감사할 줄 모르면 그 선물은 우수마발牛溲馬勃에 그칠 것이다.

몇 년이 지났는지 알 수 없지만

　한참 맛있게 잘 먹었던 시골에서 가져온 간장과 된장이 어느 순간 모두 바닥이 났다. 그래서 간장과 된장을 구하러 겸사겸사 시골에서 살고 계시는 장모님을 찾아뵀었다. 여차하여 간장과 된장이 필요하다 하니 장모님께서 몇 해 전에 담은 씨간장을 끓여야 한다고 말씀하셨다. 공장에서 대량 생산된 양조간장과 장모님이 담아 놓은 간장은 비교할 수 없는 맛이다. 그 깊은 맛을 알기에 장모님에 대한 고마운 마음이 울컥울컥 솟는다.
　장독대를 호령하는 큼직한 항아리 속에 숨죽이고 있던 유난히도 까만 간장을 서너 말 퍼 올렸다. 그리고 마당 한쪽 구석에 다섯 말은 넉넉히 들어갈 큰 솥단지를 걸고 쏟아부었다. 장모님은 그사이 부엌에서 달걀 하나를 가져오시더니 간장에 띄우셨다.
　수심 깊은 호수에서 백조 한 마리 떠 있는 듯 하얀 달걀이 둥둥 떠다닌다. 염도가 적당하다 하시길래, 창고에서 깻대 한 단을 꺼내 와서 부지런히 태웠다. 깨는 고소한 향기로, 깻대는 뜨거운 불길로 아낌없이 제 몸을 내주니 그저 고마울 따름이다.

갑자기 조식曹植의 칠보시七步詩가 떠오른다.

> 자두연두기煮豆燃豆萁　콩깍지를 태워 콩을 삶는다,
> 두재부중읍豆在釜中泣　콩이 가마솥 안에서 눈물 흘리네,
> 본시동근생本是同根生　본래는 같은 뿌리에서 생겨났건만,
> 상전하태급相煎何太急　어찌 이리도 급하게 삶아대는가

콩이나 깨나 콩깍지나 깻대나 모두 제 몫을 다하고 있을 뿐이다.
따뜻한 날씨가 이어진 듯하더니만 센 바람이 방향성을 잃고 이리저리 불어 대니 기온이 푹푹 내려갔다. 바람결에 새털 같은 재가 날리니 솥뚜껑을 열어 놓을 수 없었지만, 펄펄 끓으면 넘칠까 하여 간간이 솥뚜껑을 열고 내 얼굴만 한 나무 주걱으로 팔자 그림을 열심히 그렸다. 간장이 달여지고 나니 진한 맛을 풍긴다. 코가 벌렁벌렁하고 혀에 군침이 가득 고인다.

간장을 품고 있던 항아리 밑바닥에는 반짝거리는 결정체가 한 줌 쌓여 있었다. 햇볕에 비추어 보니 다이아몬드보다 더 영롱한 빛을 발한다. 하얀 소금이 씨간장을 토해 내고 영롱한 별이 되고 있음이다. 아름다운 별 보듯 맛있는 간장을 오랫동안 황홀하게 즐겨야겠다는 생각이 들었다.

몇 년이 지났는지 알 수 없지만, 소금도 그렇게 검은 간장으로 약이 되는 간장으로 거듭나려 몸부림쳤을 것이다. 검은 장과 그 밑에 가라앉은 하얀 소금들, 어둠의 장막을 걷어낸 밤하늘을 더욱 빛나게 하고 있다. 흑백의 조화, 음양의 조화는 이렇게 사소한 것에서도 이루어지

고 있음이다.

짠맛의 주인공이 누구냐 하면서 간장과 소금이 도토리 키 재기를 한다. 몇 년이 지났는지 알 수 없지만, 까만 간장은 그 짜디짠 맛을 만들어 내고 혀를 사로잡는 그 맛을 품기 위해 그렇게 짠 소금물을 뒤집어쓰고 있었을 것이다. 빛을 보지 않아도 빛난다. 약초 없는 약이다. 귀하고 귀하니 한 방울도 흘리지 않고 한 말 통에 가득 담았다.

불을 세게 지피다 보니 펄펄 끓어 넘치려 한다. 사랑도 욕심도 의욕도 넘친다. 인생도 저만치서 고부랑 고개를 넘어가려 한다. 씨된장, 약된장, 약간장, 누군가의 애간장을 태우며 이리도 시커멓게 멍이 들었을까? 그 깊은 맛을 간직하기 위해 말없이 견뎌 낸 세월이 그 얼마일까?

깻대 다 타고 나니 하얀 재가 솥뚜껑에 슬그머니 내린다. 장모님은 노란 참깨 한 되를 까만 비닐봉지에 담고 계신다. 그 손길이 정답고, 그 마음이 고마울 따름이다. 참으로 고소하다.

선거 한 번 치르려 하니, 가면 속에 숨어 있던 위선들이 봇물 터진 듯하다. 어디에 쓸 것인가? 예전부터 머릿속에 감추고 있었고 마음속에 단단히 묻어 둔 것들이 벼락출세 좀 하려 하니 자신의 앞길을 막고 있는 것 아니겠는가? 아무도 모르고 있던 사실들이 백주 대낮에 온통 까발려지니 목불인견이로다. 봄을 맞이하여 도랑을 정비하려 막힌 곳을 조금 팠더니 왜 이리 썩은 내 진동하는가? 더 이상 맡고 있을 수도 없고 들어줄 수도 없고 봐 줄 수도 없구나.

『예쁜 말 예쁜 미소 예쁜 인생』이 울고 있다. 『맛있는 말 한입 잡숴 봐 U!』가 배고프다 하소연한다. '내 언젠가는 이럴 줄 알았다.'라는 후회가 지금에 와서 무슨 소용이 있겠는가? 글이 활자화되면 지울 수 없듯이, 말도 내뱉어지면 사라지지 않고 오랜 시간 동안 살아 움직인다는 사실을 우리는 이번 선거를 통해 똑똑히 알게 되었으리라.

아직도 막말, 망말妄言, 쓰레기 같은 말을 쏟아 내는 사람들, 봄날에 좋은 씨를 뿌리려 노력하는 농부님네 마음을 알기나 할까?

자신을 행복한 거울로 만들어라

　근심 걱정을 미리 가불假拂해서 사용하지 말고 행복한 미소를 당겨 써 보자. 인연이란, 나에게 올 운명이라면 애써 잡아당기지 않아도 다 가올 것이고, 닿지 않을 것들이면 굳이 금덩어리 싸 들고 손짓해도 오지 않을 것이다.
　세상의 근심 걱정을 모두 짊어진 사람 인양하면서, 날마다 내가 근심 걱정을 안 하면 근심 걱정이 없어질까 근심 걱정을 한다고 외치는 사람을 자주 보게 된다. 근심 걱정 대신 행복과 감사라는 단어로 치환을 해 보면 어색할까? 나의 말과 생각이 내 인생을 앞세우고 달리는 것이기에 어느 순간에도 긍정의 아이콘으로 무장하고 있어야 하리.
　애당초 나에게 없는 것으로부터 행복을 찾으려 말고 지금 가지고 있는 것에서 행복을 찾자. 태생적으로 잘하지 못하는 것을 억지로 잘하려 하지 말고 지금 남들보다 더 잘하고 있는 것을 잘해 보려 노력함이 어떨까? 익숙함으로부터 벗어나야 발전이 있다고 하지만 그게 그리 쉬운 일은 아니다. 불편함이 묻어 있는 부정적인 생각을 더 편하게 더 긍정적으로 바꾸는 것도 인류 공영에 도움이 되는 것이다.

내가 행복하지 않으면 세상은 모두 행복하지 않다. 내가 웃지 않으면 세상은 절대 웃지 않는다. 찡그린 얼굴로 거울을 바라보면 언제나 찡그린 얼굴만 보인다. 웃는 얼굴로 거울을 바라보자.

다른 사람을 내가 바라보는 거울이라 생각하자. 거울은 바람이 불어도 물결이 일어도 있는 그대로 보여준다. 그러니 웃음으로 다가가면 웃음으로 되돌려준다. 메아리 소리가 아름답지 않으면 다른 사람을 원망할 일이 아니다. 나의 목소리를 밝게 기분 좋게 외치면 될 일이다. 웃는 거울 앞에는 웃는 사람이, 찡그린 거울 앞에는 찡그린 사람이 모이게 되어 있다.

세상의 변화는 내가 변하는 것에서 시작한다. 산해진미가 가득 쌓여 있어도 맛있게 먹을 마음이 없으면 배부름을 알 수 없고, 팔방미인이 옆에 있어도 미운 마음으로 바라보면 예쁘게 보일 리 없다. '네가 한번 웃어 봐, 그러면 나도 웃을게.' 하면서 네가 하는 대로 따라 했다면 이제는 내가 먼저 웃어보는 거다. 바람에 휘날리는 것도 물결에 휩쓸리는 것도 마음이다. 마음이 이리저리 날리면 오만상五萬相을 다 내보인다. 웃는 모습도 찡그리는 표정도 그중의 하나인 것이다.

최근 소화가 잘되지 않아 병원을 찾았다. 잘 먹고 잘 자는데 왜 속이 더부룩할까? 건강하다 자부했는데 병원에 입원할 수밖에 없었다. 담당 주치의의 말이 나를 더 놀라게 했다. 큰 수술을 해야 한다고 하는 것이다. 혹이 보이는데 암 덩어리인지 잘 모르겠다고 덧붙인다. 당황스럽기 그지없다. 수술하기 전까지 '왜 이런 일이 나한테 발생하지, 내가 뭘 잘못했기에 이런 벌을 받아야 하는가?'라는 부정적인 생각을 떨쳐버릴 수가 없었다.

시간이 저만치 갔다. 눈을 떴다. 암 덩어리가 아닌 종양이라 한다.

허탈했다. 그 순간 불안이 환희로, 불만이 감사로, 초조가 여유로, 밀려오는 안도감을 주체할 수가 없었다. '잠시 쉬어 가는 인생을 허락해 주어서 감사합니다!'라고 크게 외쳤다.

남은 인생 조금 천천히 걸으며, '이것뿐이야.'보다 '이것으로도 넘친다!', '겨우 이것밖에'보다 '와, 이렇게나 많이!', '왜?'보다 '오, 우와!', '아직도 부족해.' 보다 '벌써 넘치고 충분하다.'를 자주 외쳐야 아프지 않고 더 오래 살 것 같다.

나의 말과 행동 그리고 미소는 무한한 힘을 지니고 있음이다. 웃음은 그 누구도 거부할 수 없는 선물이다. 내가 짓는 작은 미소 하나가 우리 사회에 큰 변화를 불러올 수 있다.

인간은 사회적인 관계를 통해 표정이나 행동, 생각과 감정까지도 하나로 연결된다. 그래서 행복한 느낌, 우울한 기분, 분노나 두려움 같은 다양한 감정들도 모두 전염되는 것이다. 오늘 한 일이 비록 잠깐 웃어 준 것일 뿐이라도, 사실 우리는 이미 세상을 조금 더 행복하게 만든 것이다.

내 생각을 행복하게 만들어 보자. 행복 낚시터에서 행복할 이유를 찾자. 하루 한 가지씩 행복할 이유를 꼭 낚아보자. 속 좁은 생각과 딱딱하고 쭈글쭈글해진 마음을 따뜻한 다리미로 반듯하게 넓게 곱게 펴 보자.

해어화 解語花 한 송이로 아침을 열다

비가 굵게 내리는 아침이었다. 월말이 가기 전에 우편물을 보내야 하는 출판사의 일정이 있어서 다른 회사와의 미팅을 하루 미루고 출판사로 출근했었다. 비가 오니 봉투에 넣은 귀한 옥고들이 비에 젖지 않게 우체국까지 가지고 가는 것이 문제였다.

한 직원이 저보고 '내일 보내면 안 될까요?' 하는 것이었다. '비가 와도 우체국으로 가지고 가는 것은 문제없이 할 테니 오늘 무조건 합시다. 오늘 못 하면 내일 저 없이 하실래요?'라고 퉁명스럽게 말을 뱉었다.

그렇게 뱉고 나니 마음이 아팠다. 굳이 그렇게까지 쏘아붙일 일은 아니었고, 오늘 못 하면 내일 다른 직원끼리 알아서 하도록 맡겨 놓으면 될 일 아닌가 말이다. 후회와 반성이 교차하는 마음 아픈 시간을 보내야만 했다.

암튼 비가 오니 방수 천을 준비해야 했다. 마트에 가서 사와도 되련만, 사무실에 있는 가장 큰 일회용 봉투 옆을 터서 이리저리 스카치테이프로 붙였다. 다섯 개 정도를 이어 붙이니 제법 쓸 만한 비닐 천막이 되었고 아쉬운 대로 500여 권을 실은 수레를 뒤덮을 수 있었다.

비가 조금 순해지니 재빨리 우체국을 향해 뛰었다. '이에서 땀이 나도록' 서둘렀다. 그렇게 500미터쯤 떨어진 우체국에 도착하고 나니 비가 다시 사납게 내렸다. '어휴! 그나마 다행이구나, 감사할 일이구나.' 하는 마음이 앞섰다.

월말이 다가오면 매양 같은 일을 반복하지만, '퉁명스럽게 내뱉었던 말' 빼고는 모두 잘 되었다. 앞으로는 어떠한 경우라도 하기 싫은 듯 화난 듯한 말이 입 밖으로 나가지 않도록 입단속을 잘해야겠다는 다짐 하면서, '기쁜 선물은 모두를 행복하게 한다.', '사랑을 표현하면 아름다운 이웃이 몰려온다.'라는 말을 야금야금 생각해 보았다. 말이란 여하튼 이해보다는 오해가 더 빠르다는 사실이었다.

이른 아침 사무실에 출근해서 차 한 잔을 마시고 있자니 그 맛이 참으로 맛있다는 생각이 들었다. 어쩌면 밥 한 끼니를 대신하는 것일 수도 있지만 차를 마시고 있는 동안에는 머릿속이 개운해지고 배도 불러오는 느낌이 있어서 기분이 상쾌하다. 식사를 마치고 후식으로 마시는 차는 왠지 배부름을 가라앉히는 느낌이지만, 이렇게 새벽에 마시는 차는 빈속을 다독거려 주는 느낌이 있어 더 좋다.

빈 공간에 무언가를 채워 가는 느낌, 빈 종이에 무언가 써 내려가는 느낌, 빈 시루에 찹쌀가루가 쌓이는 느낌, 모래시계 속 모래알이 줄줄줄 흐르며 삼각산을 만드는 느낌, 부족한 듯한 허기짐을 달래 주는 느낌, 행복을 싣고 오는 누군가를 만날 수 있다는 기대감 등등.

이런 기분 좋은 느낌을 불러오는 차 한 잔은 참으로 고소하다. 초저녁 빈속에 들이켜는 소주 한 잔은 뱃속을 온통 흔들어 놓지만, 이른 아침 빈속의 차 한 잔은 뱃속을 편안하게 해 준다. 졸린 아이가 포근한 엄마 품에 안기는 그런 맛이다.

'예쁜 말 경험을 쌓아라.', '말을 끊으면 관계도 끊어진다.', '단 한 줄로 전달력을 높여라.' '평범한 표현이 비범한 울림을 가져온다.', '넘치는 감동은 평범함에서 온다.' 연한 표현과 진한 감동, 강한 표현과 약한 동감. 천방지축 아이들의 붙임성과 까탈스러운 어른들의 조심성. 언어의 그물망. 하늘이 온통 해어화解語花 향기로 물든다면…. 등등.

이런 잡다한 생각과, '당신이 필요해서 사랑한다는 것은 미숙한 사랑이며, 사랑하니까 당신이 필요하다는 것은 성숙한 사랑이다.'(윈스턴 처칠)라는 말의 의미를 되새김하면서 차 한 잔으로 어지러운 머릿속을 정리했다.

예로부터 아름다운 여인을 폐월, 수화, 침어, 낙안, 경국지색傾國之色, 단순호치丹脣皓齒, 설부화용雪膚花容, 화용월태花容月態 등으로 표현하였다. 특히 중국의 4대 미인이라 부르는 서시, 왕소군, 초선, 양귀비를 '침어浸魚, 낙안落雁, 폐월閉月, 수화羞花'에 빗대었다.

'침어浸魚'는 서시西施가 호수에 얼굴을 비추니 물고기들이 넋을 잃고 헤엄치는 것을 잊어 그대로 가라앉아 버렸다는 것이다. '낙안落雁'은 왕소군王昭君을 지칭하며, 기러기가 하늘을 날아가다 왕소군을 보고 날갯짓하는 것을 잊어 떨어졌다 하여 붙여졌다. '폐월閉月'은 초선貂蟬을 지칭하며, '달이 부끄러워 구름 뒤로 숨는다.'는 뜻이고, '수화羞花'는 양귀비楊貴妃의 별칭으로, '꽃들이 부끄러워 고개를 숙인다.'는 것이다. 아름다움을 표현하는 방법이 더 아름답다는 생각이 든다.

이른 아침에 '해어지화解語之花'(나의 말을 이해하는 꽃)를 생각하면서, '이해는 가까이 오해는 멀리'하는 하루가 되기를 꿈꾸어 본다.

행복은 나눌수록 넉넉해지고

　선물을 나누어 줄 수 있는 사람은 행복한 사람입니다. 선물은 받는 기쁨보다 주는 기쁨이 더 오랫동안 유지됩니다. 그러니 선물을 주는 사람은 행복함을 간직하는 시간도 더 오래갈 것입니다. '선물' 하면 비싼 물건을 먼저 떠올리겠지만 말도 귀한 선물이 될 수 있습니다.
　꼭 듣고 싶었던 말을 듣는다면 그 무엇보다 기분이 좋습니다. 이보다 더 좋은 선물이 어디 있겠습니까. 위로가 필요한 사람에게는 위로의 말, 격려가 필요한 사람에게는 격려의 말, 지친 마음에는 따뜻한 말 한마디가 선물로서의 가치는 매우 클 것입니다.
　명절이나 생일 또는 특별한 기념일에는 특별한 선물을 기다립니다. 특별한 날이기에 더 특별한 선물을 받고 싶어 합니다. 1년에 한두 번 느끼는 특별한 행복도 아주 소중합니다. 그러나 그날이 지나고 나면 그 특별한 행복을 어디에서 맛볼 수 있겠습니까? 특별한 날이 아닌 일상생활 속에서 날마다 받을 수 있는 선물이 있다면 어떡하겠습니까? 날마다 주고받음이 있다면 행복한 날이 늘어나겠지요.

이렇게 일상에서 행복을 느끼고 싶다면 날마다 주고받는 그 무언가가 있어야 합니다. 그것은 바로 칭찬과 덕담이라는 선물입니다. 선물을 준비하려면 많은 금액을 지출해야 한다고 생각합니다. 그래서 선물을 주는 것이 부담으로 다가옵니다. 하지만 칭찬과 덕담은 비용이 들지 않습니다. 더구나 그 칭찬과 덕담을 통해 나 자신이 칭찬받고 긍정의 에너지를 얻게 됩니다.

예쁜 말 몇 마디로 위로와 격려 응원을 함으로써 다른 사람의 기분을 좋게 해 줄 수 있습니다. 날마다 예쁜 말 예쁜 미소로 다른 사람을 행복하게 해 주는 사람, 우리는 그런 사람을 존경하고 사랑합니다.

오병이어五餠二魚의 기적을 이룰 수 있는 것 중의 하나는 예쁜 말입니다. 좋게 말하면 좋아지고 나쁘게 말하면 나쁘게 되는 것도 말의 힘입니다. 필요한 만큼 만들어 내기도 하고 부풀릴 수도 있습니다. 하찮은 물건을 귀하게 만들 수도 있습니다. 없는 말 지어내서 다른 사람을 곤란하게 하거나 영웅으로 만들 수도 있습니다.

객관적인 근거도 없이 자신만의 생각으로 한 추측이나 주장을 반복하는 '뇌피셜'에 갇힌 마음은 어린아이 눈곱보다도 작지만, 오지랖이 넓으면 참견의 끝이 오병이어의 기적을 능가합니다. 참견을 참지 못하는 사람은 언제나 말실수가 따라옵니다. 나눌 수 없는 말, 나누어서는 안 되는 말을 억지로 나누려 하다 보면 무리가 따르고 결국에는 없는 말을 상상으로 지어내기도 합니다.

따뜻한 말은 나눌수록 기적을 일으킵니다. 사소한 나눔일지라도 나눌수록 행복해집니다. 일자리를 조금씩 쪼개면 많은 사람이 행복해지듯 행복한 마음이 다른 사람의 마음속으로 자꾸 퍼져나갑니다.

예쁜 말 고운 말도 잘게 쪼개고 나누다 보면 마음이 치유되는 기적을 맛볼 수 있습니다. '행복 나눔 바자회'에 케케묵은 물건들을 내놓으면 여러 사람이 행복할 수 있습니다. 가진 사람은 불필요한 물건을 내놓는 것이고 부족한 사람은 필요한 것을 채우는 것입니다.

욕심을 비우는 것에서부터 행복 나눔은 시작된다고 할 수 있습니다. '숨을 쉰다'는 것은 필요한 산소를 마시는 것이기도 하지만 내 몸속에 쌓여 있는 노폐물을 내보내는 일이기도 합니다.

삶이란 필요한 것을 채우고 쓰고 남은 것을 내보내는 순환 과정입니다. 새로운 생각 새로운 흐름을 받아들이려면 머릿속에 쌓여 있는 고정관념이나 묵은 이론들을 수시로 내보내야 합니다. 행복이 숨을 쉴 수 있도록 공간을 만들어 주고 자꾸 나누어야 합니다.

잔뜩 화가 난 사람에게는 짧은 순간일지라도 같은 편이 되어 주면 좋습니다. 잘잘못을 따지는 것은 분노가 가라앉은 다음의 문제입니다. 상대의 욕구를 먼저 채워 주면 순해집니다. 상대의 발걸음 속도에 맞추어 함께 걸어가면 믿음이 차고 넘칠 것입니다.

상대의 말을 자신이 듣고 싶은 대로 들으면 오해가 생길 수 있습니다. 그러므로 '나'를 중심에 놓지 않고 '너'를 중심에 두고 말을 해야 합니다. 그렇게 한다면 날마다 오병이어의 기적을 뛰어넘는 귀한 선물을 받을 것입니다.

'말 한마디로 천 냥 빚을 갚는다.'는 말도 있지만, 평생의 우정을 한 순간에 금이 가게하고, 닭살 부부를 평생의 원수로 갈라놓을 수도 있습니다. 말은 어떻게 하느냐에 따라 천사의 미소가 되기도 하고 악마의 울부짖음으로 둔갑하기도 합니다. 그러니 말은 요술 방망이가 틀림이 없습니다.

예쁜 말 예쁜 미소는 행복을 나누는 첫걸음입니다.

행복하기 위해 웃는 너, 그래서 더 예쁘다

어느 해 여름, 우리 세대가 살아 있는 동안 어쩌면 가장 시원했던 여름으로 기록될지도 모르겠다는 우려가 기우였으면 좋겠다. 예상치 못한 이상기후는 각종 불편한 기록을 날마다 갈아치우고 있다. 지구온난화라는 단어가 낯설게 다가온 지가 엊그제 같은데 우리는 이미 열대화에 익숙해지고 있음이다.

폭우와 폭염은 절친인가? 일란성 쌍둥이인가 이란성 쌍둥이인가? 불덩이 같은 날씨도 느림보 태풍도 옆 나라의 산불도 인류가 미처 경험하지도 생각하지도 못한 자연의 화난 경고음이다. 그 외침들이 큰 걸음으로 다가온다.

글 제목과 어울리는 「그래서 너는 더 예쁘다」라는 시를 공유하고자 한다.

바다 건너 찾아온 님, 태산 넘어 찾아온 님,
구름 타고 찾아온 님, 내 님이 찾아온다.

그래서 너는 예쁜 향기를 풍기고,
해가 뜨면 떠나갈 님, 달이 지면 떠나갈 님.
이슬처럼 떠나갈 님, 내 님이 떠나간다.
그래서 너는 진한 그리움 남기고,
가시밭길 헤치고 끊어진 다리 잇고,
퉁퉁한 비 맞으며 우린 기다린다 너를,
그래서 너는 언제나 고맙다.

  달빛 사이로 너의 고운 마음이 고이고 별빛에 걸린 너의 맑은 눈빛은 반짝이는 옥구슬처럼 구른다. 달무리 너머로 생명수 같은 빗물이 넘친다. 구름사다리를 건너다가 발을 헛디디면서 땅으로 미끄러졌을 것이다. 그러다가 아무 일 없다는 듯 서쪽 하늘을 향해 잰걸음으로 넘어간다.
  빗방울이 잠시 머물다 간 그 자리에 너의 예쁜 마음 미운 마음도 함께 머물다 간다. 어둠이 밀려오면 하얀 이슬은 안개를 머금고서 고요한 새벽을 부른다. 탈 없이 지낸 하루가 감사할 따름이다. 감사의 범위는 정해져 있지 않다. 매일 매일 매 순간 모든 것에 '감사합니다.'를 외치면 될 일이다.
  세상에서 가장 작은 것으로부터 가장 큰 행복을 만들어 내는 사람이 되도록 넘치는 지혜와 아름다운 인정이 함께하면 좋겠다. 여길 보고 저길 보고 사방팔방 두리번거리며 감사의 춤을 추며 보름달보다 더 커다란 행복 미소를 피울 수 있으면 좋겠다. 우리 모두 배부른 하루를 보낼 수 있으면 더더욱 좋겠다.
  파란 하늘 맑은 바람이 상쾌한 하루를 부른다. 햇님은 서둘러 솟아 오르고 달님은 쫓겨 가듯 넘어가고 별빛은 굶주린 듯 희미해진다. 해가 떠 있는 동안 숨은 보물찾기라도 하듯, 침침한 두 눈을 가늘게 뜨고 발밑에서 담벼락까지 샅샅이 뒤져 찾아내는 것이 겸손과 배려라는 보석이었으면 좋겠다.

'덕분에 행복한 사람'이란 말을 자주 들을 수 있다면 얼마나 좋을까. 다른 사람이 흘린 부스러기를 먹고 사는 것이 우리네 인생 아니던가? 핸드폰에 코를 박고 길을 건너다 다가오는 사람과 부딪히면 누가 잘못했을까? 들이박고서 상대가 피하지 않았다고 화를 낼 것인가?

백미러만 보고 운전할 수 없고, 뒤따라오는 너만 바라보며 달릴 수는 없는 것 아닌가. 우산이 없다고 핸드폰으로 비를 막으려는 거친 오만은 부리지 말자.

꽃비와 단비 사이에 걸터앉아 가기 싫어 서성거리는 여름을 보낸다. 주저주저 주춤거리는 가을을 향해 어서 오라 손짓을 한다. 시절 인연은 그렇게 앞서거니 뒤서거니 하면서 서로 뒤바뀌고 있다. 바람결에 흐느적거리는 꽃들도 푸르게 물들었던 들판도 이제는 황금빛으로 바뀐다.

너와 나의 발길은 다르다. 어느 곳을 지나왔는가에 따라 여름내 흘린 땀의 양에 따라 신발의 닳아진 모양도 모두 다르다. 다름은 그렇게 일상으로 다가오는 것이리라.

태풍이 큰 말썽 없이 지나갔다고 서운해하거나 불평하는 그대여, '그만해서 다행이다.'라고 생각하자. 누군가에게 조금이라도 도움이 되는 말, 위로와 격려의 말을 하면 더 좋지 않겠는가. '소문난 태풍에 피해가 없네.'라며 허탈해하면 어쩌란 말인가?

미풍微風에도 농작물이 쓰러지면 농부님네 마음은 더 아프다. 왜 그걸 모를까? 함께 살아가는 이웃을 소중하게 생각하면 공감과 소통은 자연스러울 것이다. 아름다운 공동체를 서로 아끼자.

아슬아슬 매달려 있던 덜 자란 땡감이 스치는 치맛바람에 더는 견디지 못하고 아스팔트 위로 '툭 툭' 떨어진다. 아깝다.

너, 나, 우리가 다정한 이웃으로 사는 법

'나', '너', '우리'의 글자를 자세히 들여다보면 매우 흥미로운 점을 발견할 수 있다. 작은 작대기 하나이지만 나의 'ㅏ'는 밖으로 너의 'ㅓ'는 안으로 우의 'ㅜ'는 아래로 향하고 있다. 각각 나아가고자 하는 방향이 다르다.

밖으로만 나아가려 하는 'ㅏ'와 안으로만 끌어당기려는 'ㅓ'사이에서 'ㅜ'가 양쪽으로 팔을 벌리고 서서 좌우를 위아래로 적절하게 조정하고 있다.

등불을 켰다 껐다 하는 스위치처럼, 둔탁한 혈액을 받아서 깨끗한 혈액으로 바꾸어 내보내는 허파처럼, 물건을 사고파는 사람 사이에서 중개자 역할을 하는 것처럼 보인다.

너와 내가 서로 마주 보고 있으면서 같은 방향인 오른쪽이나 왼쪽으로 몸을 돌려 보자. 그러면 시선이 교차하지 않는다. 서로 뒤돌아서서 같은 방향으로 머리를 돌려도 끝내 눈빛이 마주칠 수 없다.

나는 왼쪽으로 너는 오른쪽으로 각자 다른 방향으로 돌려야 서로의 얼굴을 바라볼 수 있고 시선을 교감할 수 있다.

여기에서 사고의 폭을 좀 더 넓혀 보자. 내가 화를 내고 있는데 네가 동시에 화를 낸다면 마음이 소통할 수 있을까? 내가 화를 내고 있을 때는 네가 조금만 참고 기다려 주면 우리라는 공동체가 아름답게 만들어질 수 있을 것이다.

내가 가지고 있는 것이 풍족하고 넘친다면 너에게 아낌없이 나누어 주고, 내가 절실하게 필요한 것이 있으면 네가 형편 되는 대로 보태 주고 도와준다면 우리라는 기둥이 굳건하게 세워질 것이다. 서로 넘친다고 주려고만 하거나 서로 부족하다고 달라고만 하면 결코 주고받음이 없을 것이다.

서로 양손에 물건을 잔뜩 들고 있으면서 내가 주는데 왜 안 받느냐고 화를 낸다거나, 양손에 아무것도 가져오지 않고서 안 준다고 서운해하고 화를 내면 어찌하란 말인가. 동시에 주고받으려 한다면 줄 수도 받을 수도 없을 것이다.

왼쪽 사람이 주려 하면 오른쪽 사람이 받아주면 될 것이다. 이쪽 사람이 받고자 하면 저쪽 사람이 내어준다면 주고받음이 생길 것이다. 그런 과정을 거쳐 우리라는 아름다운 공동체가 이루어질 수 있다. 내어주려는 나의 마음과 받아주려는 너의 마음이 한데 어울릴 때 더불어 살아가는 우리들은 행복함을 느낄 것이다.

부드러운 비단도 씨줄과 날줄이 서로 엉키며 어긋나게 짜져야 튼튼해지는 것이고, 식물의 잎사귀들도 방향을 달리하며 서로 어긋나게 솟아나야 햇볕을 잘 받을 수 있고 바람도 잘 통하게 된다.

평행선을 끝까지 달려가면 결코 만날 수 없고, 누군가가 먼저 어긋나게 걸어야 만나게 된다. 이웃과 관계를 맺으며 더불어 사는 것도 이와 같은 것이다. 내가 먼저 다가가야 이웃이 다가오고, 내가 먼저 손

내밀면 상대방도 내민 손을 잡아 준다. 그래서 공감이 이루어진다.

내가 먼저 물어야 상대방도 내가 원하는 대답을 한다. 그러면 대화도 소통도 순하다. 내가 다가가지 않고 손 내밀지 않고 묻지 않으면 나는 나일 뿐이고 너는 너일 뿐이고 우리들 각자는 우리 속에 고독한 작대기로 갇혀 있게 된다.

나는 고집스럽게 변하지 않으면서 너만 새롭게 변하라고 한다. 나는 걸으면서 너만 뛰라고 한다. 나는 속도를 줄이지 않으면서 너만 속도를 줄이라 한다. 나는 하지 않고 너만 하라고 한다. 나는 짧은 지름길로 가고 너는 멀리 돌아오라 한다. 나는 좋은 일 편한 일만 하고 너는 나쁜 일 힘든 일만 하라고 한다.

그러면 우리들이 사는 세상에서 평등과 정의 그리고 공정의 가치는 결코 아름답지 않게 될 것이다.

황소 등에서 털 하나 빠진다고 표시가 나겠는가. 사나운 바람에 방귀 좀 뀌었다고 냄새가 남아 있겠는가. 흘러가는 강물에 침 한 방울 튀었다고 색깔이야 변하겠는가 하는 얄팍한 마음, 보이지 않는 마음이라고 함부로 내던지지 말자.

성경에서도 '우리의 돌아보는 것은 보이는 것이 아니요 보이지 않는 것이니 보이는 것은 잠깐이요 보이지 않는 것은 영원함이니라'(고후 4:18)고 강조했었다. 보이지 않는 것이 보이는 것을 드러나게 한다. 내 생각, 내 행동, 내 모습이 온 세상에 드러나고 까발려질 때 하얀 얼굴이 붉혀지지 않을 정도면 족하지 않을까?

나는 '명품이다'라고 외쳐라

　사람이 모이는 데는 이유가 있을 것이다. 궁금해서, 호기심이 있어서, 얻는 게 있거나 바라는 것이 있는 곳에는 사람들이 모인다. 시골 장터에도 사람이 모인다. 내가 가꾼 농작물을 내다 팔고 필요한 물건을 사려고 모이기도 하지만 그냥 사람의 정이 그리워서, 사람들이 살아가는 모습이 궁금해서 모이기도 한다. 그러면서 아름다운 추억을 쌓는다. 추억거리가 많은 사람은 부자다.

　같은 종류의 음식점이 모여 있는 골목에서 유독 사람이 모이는 가게가 있다. 뭔가 특별한 것이 있을까 하면서 사람들이 줄을 선다. 줄 서는 집으로 유명해지기도 한다. 과연 그 집에는 특별한 무엇이 있단 말인가?

　오늘은 기어이 그 궁금증을 풀어 보겠다. 기어코 맛을 보고 판단을 하겠다는 심판관의 자세로, 중요한 판결을 내려야 하는 재판관의 자세로 그 가게 앞에 줄을 선다. 그런데 막상 명품이라고 소문난 그것을 입으로 맛보고, 눈으로 감상하고, 귀로 느끼고 나면 '별것도 아닌데.'

라는 생각이 들 때가 있다.

자신이 기대했던 그 무언가가 없는 경우다. '내가 왜 줄을 섰지?' 하는 후회도 한다. 잔뜩 기대했던 호기심과 궁금증이 단숨에 해결되면서 뒤늦게 느끼는 허탈감일까? 안도감일까?

명품이라고, 명작이라고, 걸작이라고 소문난 작품을 직접 보고 나서 나는 실망했을지언정 다른 사람들 앞에서는 실망했다는 표현을 잘 하지 않는다. 왜 그럴까요?

가장 비싼 항공료를 내고 가장 비싼 관람료를 지불하고 가장 비싼 명품을 직접 본 사람 중의 한 명이지만 다른 사람은 결코 보지도, 볼 수도 없을 거라는 오만한 마음이 숨어 있는 것이고, 자신은 그 작품을 본 사실을 오랫동안 자랑하고 다닐 수 있기 때문이다.

그리고 자신만이 그 명품을 알아보는 심미안을 가진 사람처럼 행동한다. 그래서 명품이라 소문나면 그 명품의 수명은 오래 갈 수밖에 없다. 한 번 명품은 영원한 명품이 되는 것이다.

'나는 명품이다, 나를 만나려면 줄을 서야 한다.'라고 외쳐 보자. 자신의 웃음과 미소를 명품화, 차별화, 브랜드화해 보자. 자신의 웃음과 미소는 아름다운 향기가 넘쳐나는 명품이라고 소문을 내 보자. 한 번 맡으면 절대 잊을 수 없는 마력을 지닌 향기라고 외쳐 보자.

'명품 웃음'은 사람들이 잘 웃지 않는다고 필요한 생필품을 외국에서 수입해 오듯 수입할 수 있는 물건이 아니다. 결코 외국에서 수입해 올 수 없다. 그러나 자신이 명품 웃음, 명품 미소를 지니고 있다면 많은 사람이 몰려들 것이다.

통행료를 지불해야 명품을 보여줄 수 있다고 큰소리를 치자. 우리들이 세계적으로 유명한 명품을 보려고 외국으로 몰려 나가 비싼 관람료를 지불하는 것과 무엇이 다르겠는가?

나의 미소는 나의 명함이다. 나의 웃음은 작품이고 명품이고 걸작이고 경쟁력이다. 나의 미소는 모든 사람의 삶을 밝게 한다. 명작과 졸작, 작품과 상품은 장인이나 예술가의 혼이 들어 있느냐 없느냐의 차이다. 주인의 마음인가 손님의 마음인가에 따라 미소의 밝기도 다르다.

세상을 이웃을 밝게 하려면 '방긋 미소 한 방'이면 되거든요. 21세기는 나를 상품화하는 시대다.

내 처지를 알까?

　나이 들어 군대 간 필자는 연천 지역에서 근무하였다. 어느 몹시 추운 겨울날 도랑에서 찬물로 빨래를 하고 있었다. 그 시간이 정신적으로 가장 편한 때였다. 마치 그곳을 지나던 소대장이 '송 이병! 저기 취사장에 가서 뜨거운 물을 얻어다가 하지!'라고 했다. 필자는 '예, 알겠습니다.' 하고 대답은 했지만, 취사장에 가지 않았다.
　군대는 계급이 깡패라고 한참 나이 어린 상급자에게 얻어터지면 기분 좋을 리 없기 때문이었다. '에이, 까짓것 그냥 찬물로 하면 되지 뭐.'하면서 계속 빨래를 했었다. 이때 나이 지긋한 주임원사님이 이곳을 지나다 '어이 송 이병! 지금 취사장에 가서 뜨거운 물 좀 받아 와라!'라고 말했다. 필자는 취사장으로 뛰어가서 취사병에게 보고하고 뜨거운 물을 받아 왔다. 그러자 주임원사님 하는 말, '송 이병! 그 물로 해라.'하였다. 눈물이 나도록 고마움을 느꼈었다.
　소대장과 주임원사는 필자를 배려하는 마음은 똑같이 있었지만, 상대방의 입장을 생각하고 그 주변의 상황을 파악하고 정말로 부하에게 도움이 되게 한 사람은 주임원사님뿐이었다.

　누군가에게 무언가를 베풀었다고 생각하는 사람들은 상대를 배려하고 상대에게 도움을 줬다고 자기 맘대로 생각한다. 자신을 과시하기 위한 행동을 상대를 배려했다고 우긴다. 혼자 착각하는 이런 어리석음을 범하고 있지는 않은지 스스로 돌아볼 필요가 있다.

　'배고픈 소에게 고기를 주거나, 배고픈 사자에게 풀을 주는 배려'는 단지 자신의 입장에서, 단지 자신의 만족감을 위해서 행하는 가짜 배려일 뿐이다. 상대를 생각하고 상대를 배려한다면 상대의 '처지'를 이해해야 한다.

　실력이 뛰어난 잘난 교수는 강의하면서 앞 시간에 설명한 내용을 학생들이 당연히 이해했을 것으로 생각하고 추가적인 설명을 생략하는 경우가 많다. 학생들은 당연히 더 많은 설명이 필요한데 설명을 안 해 주니 더 이해를 못 하게 된다. 그러면 그 교수는 이것도 모르냐고 학생을 무시하게 되고 학생들은 주눅이 들고 더 스트레스를 받는다.

　　― 어쭈구리, 많이 컸네.
　　― 야, 옛날보다 많이 늘었네.
　　― 야, 네가 저 녀석보다 낫다.
　　― 어쭈, 이제 나를 하수로 보네.

　이런 식으로 누군가를 칭찬했다면 듣는 상대는 기분이 좋았을까요? 그 상대방이 어색해하거나, 당황해하거나, 혹은 화를 낸다면 칭찬을 했던 자신도 머쓱해진다. '어, 내 의도는 그게 아니었는데.' 하면서 마치 자신이 억울한 일을 당한 사람처럼 말한다.

　그런 사람은 되지 말자. 상대를 배려한 게 아닌 내 맘대로 내 생각대로 칭찬했기 때문이 아닌가? 대부분 상대의 입장을 배려하지 않고 자신의 관점으로 자기 생각대로 칭찬하는 데 익숙해져 있기 때문이다. 칭찬했는데 상대가 불편함을 느낀다면 누가 잘못하고 있는가? '내 의도는 그게 아닌데.' 하면서 '잘못 알아들은 네가 잘못이야.' 하고 주장할 수 있나요? 내 맘대로 내 기분대로 하고선 '나는 잘했어.'라고 생각하는 것은 오직 나의 만족감을 위한 빈말일 뿐이다.

아주 무더운 어느 여름날,
"오늘은 징그럽게 덥구먼! 그래도 자네는 머리숱이 없어 좀 시원하겠네."

사실 필자는 대머리는 아니지만 머리숱이 많지 않다. 그것은 나의 콤플렉스였다. 그분은 나름대로 더운 여름에 머리숱 없는 게 도움이 되겠다는 아주 단순한 생각으로 던진 말이었겠지만 나에게는 비수와도 같은 말이었다.

그 말을 들은 순간 나는 어떤 말로 대답해야 할지 몰라 당황스러웠고, 약간의 모멸감도 느꼈다. 어설픈 칭찬은 안 하느니만 못하다. 상대가 들어서 기분 좋은 말이 아니면 말을 참으면 될 일이다.

아이들은 왜 부모의 말을 무조건 잔소리로 생각하는 것일까? 부모들이 하는 말의 공통점은 '길다'는 것이다. 해야 할 말만 하고 딱 끝내면 좋을 텐데 꼭 사족을 붙인다.

"우와~! 내 아들, 이번에 시험을 아주 잘 봤네! 그동안 정말 열심히 했구나. 열심히 노력해 줘서 고마워!"

여기까지만 하면 아주 훌륭한 칭찬이다. 그런데 여기서 끝내지 않고 꼭 이런 뒷말을 붙인다.

"조금만 더 잘했으면 1등도 할 수 있었을 텐데…."

● 해 설 ●

말의 철학적 사유와 성찰로 빚어낸 행복의 완결판

— 송란교 작가의 작품집 『말 꽃이 그리웁다』의 세계 —

정 유 지
(문학평론가, 경남정보대 디지털문예창작과 교수)

1. 따뜻한 말은 세상을 품는 봄이다.

"진리란 무엇인가? 그것은 한낱 은유와 환유와 의인화의 이동 부대가 아니던가. 닳고 닳아서 지금은 피부에 와닿지 않게 된 바로 그 은유가 아니던가."

인용된 것은 프리드리히 니체가 남긴 말이다. 김욱동은 은유나 환유 같은 것을 다루는 경우를 넓게는 수사학, 좁게는 비유법으로 인식했다. 은유와 환유는 일상생활에서 상호 밀접한 관계로 바라봤다. 고래가 바다를 떠나서 살 수 없듯이, 우리 인간도 은유와 환유의 틀에서 벗어나 살 수 없음을 강조했다. 가령 한 사람이 생애 동안 의식적으로 언어를 사용하는 기간을 60년으로 볼 때, 3천9십만 번에 걸쳐 온갖 비유를 쓴다고 한다. 1년에 5만 번, 하루에 1천4백 번씩 갖가지 비유를 쓰는 것이다.

고대 그리스의 아테네인들은 해가 바뀌면 웅변을 관장하는 칼리오페Kalliope 여신에게 온갖 음식을 차려 놓고 한바탕 제사를 지냈다. 남의 마음을 움직일 수 있도록 혹은 말(스토리텔링)을 잘할 수 있도록 축복을 내려 달라고 비는 제사였다. 말(스토리텔링)을 잘하게 해 달라고 비는 제사의 경우는 세계 곳곳을 둘러봐도 흔치 않다. 논리적·감성적 사고의 전달 수단이 바로 '말'이라는 사실을 간과하지 않은 결과로 볼 수 있는 것이다. 타인을 설득하는 능력을 높이 평가했다. 타인의 마음을 움직일 수 있는 설득력의 재주야말로 신에게서 물려받은 선물이요, 축복이라고 여겼다. 타인의 마음을 움직이는 따뜻한 말은 세상을 품는 봄과 같다. 이성 능력과 감성 능력을 두루 갖춘 후, 상대의 환경과 여건에 따라 맞춤식 비유로 설득하거나 관심을 유도할 수 있다면 이 얼마나 대단한 소통 능력인가.

송란교 작가는 의사소통에 꼭 필요한 말의 미학을 완성한 『말를 꽃이 그리웁다』를 통해, 따뜻한 우리 사회를 설계하고 새로운 말의 비전을 제시하고 있다.

지란지교 송란교 작가는 전남 나주에서 태어나 한국외국어대학교 대학원 중어중문학과 석사과정 출신 엘리트 예술인이다. 종합문예지 월간 『문학세계』 시 부문 및 평론 부문 신인상으로 등단하였고, 제20회 문학세계문학상 칼럼 대상을 받은 바 있다. 또한 경남은행 자금부장, 서울분실장, 지점장을 역임하고 퇴임한 입지전적인 존재이기도 하다. 한국외대 중어중문학과 석사 출신, 금융기관의 임원 출신답게 사물의 본질을 꿰뚫는 선 굵은 안목을 바탕으로 잠자는 거인, 창조적 상상력을 깨워 질 높은 작품을 생산해 내는 가운데 말의 미학을 완성한 산문의 경지에 도달하게 되었다. 그동안 월간 『문학세계』 운영·홍보위원. (사)세계문인협회 사무총장 등 왕성한 문단 활동을 전개해 오고 있다. 그동안 『난향蘭香, 그물에 걸리다』 『예쁜 말 예쁜 미소 예쁜 인생』 『나도 한번 해볼까』 『맛있는 말, 한입 잡숴 봐U!』 등을 출간한 바 있다. 특히 송란교 작가가 지금껏 달려온 인생의 여정 속에 깃든 긍정적인 삶의 철학이 '2024년 중소출판사 성장도약 제작 지원 사업' 선정 도서 『말ㄹ 꽃이 그리웁다』를 탄생시키는 원동력이 되었다. 말의 향기는 또 다른 감동의 향기를 연출한다. 향기 가득한 감동의 작품군은 휴머니티Humanity를 발현시키는 현대판 말의 문학적 근원지가 되었다. 철학적 사유를 통해 내적 고뇌를 발현시키는 가운데, 맑은 영혼의 소유자인 지란지교 송란교 작가의 작품 속에는 독특한 미적 특성이 있다.

> 저는 『예쁜 말 예쁜 미소 예쁜 인생』이란 책에서 오병이어의 기적을 이룰 수 있는 것으로 '따뜻한 말 한마디', '해맑은 미소', '아낌없는 사랑', '범사에 감사', '다름의 인정', '숨은 배려', '재능 기부 봉사' 등을 강조했었다. 이것들은 '나'보다는 다른 사람을 위해 사용할 때 더욱 큰 가치를 발휘한다. 사용하면 사용할수록, 나누면 나눌수록, 베풀면 베풀수록 줄지 않고 계속 늘어나는 것이니 오병이어의 기적을 이룰 수 있는 것이라고 주장했었다. 예쁜 말 예쁜 미소는 나를 포함한 다른 모든 사람에게 행복 호르몬을 분비시키고 면역 강화제를 나누어 준다. '예쁜 말 예쁜 미소로 세상을 환하게 이웃을 편하게'라는 문구가 온 세상을 향해 널리 외쳐지면 좋겠다.
>
> ― 저자의 말, 「예쁜 말 예쁜 미소는 사회적 공동체다」 일부

오병이어五餠二魚(빵 다섯 개와 물고기 두 마리)의 기적은 예수가 양의 음식을 가지고 많은 사람을 먹인 사건(출전 : 마태복음 14장 13~21절, 마가복음 6장 30~44절, 누가복음 9장 10~17절, 요한복음 6장 1~14절)을 교훈으로 삼는다. 무릇 믿음, 헌신, 배려만 있으면, 능히 행하지 못할 것이 없음을 깨닫게 만든다. 예쁜 말, 예쁜 미소, 예쁜 인생 속에는 아름다운 과거와 현재, 미래가 동시에 연동된 행복의 코드가 숨겨져 있다.

송란교 작가의 작품세계는 크게 두 가지 경향을 보인다.

첫째, 많은 칼럼을 통해 쌓아온 철학적 내공을 발현하고 있으면서, 선명한 말의 가치 또한 꽃피우고 있었다. 특히 인간애를 그 바탕으로 한 정제된 언어 구사력으로 엮어내는 문학적 역량이 탁월하였다. 말의 정체성에 대한 실마리를 사람과 일상에서 찾고 그 해법도 사람과 일상에서 찾고 있다. 행복의 결핍 원인과 그때그때 상황의 중요성을 부각하고 재해석하는 고유의 문체로 말의 방향성을 함양할 뿐 아니라, 테마별로 제시하는 주옥같은 말의 확장성을 동시에 가지고 있다. 송란교 작가는 해맑은 심상을 바탕으로 자기성찰과 철학적 사유의 미적 자세를 산문적 모티프Motif로 삼고 있다. 아울러 송란교 작가의 정신세계는 눈 속을 박차고 피어난 동백 같은 향기가 그윽하다. 아울러 겉으로는 부드러운 성정을 추구하는 것 같지만, 그 내면은 곧은 대나무 같은 자기 절제의 삶을 살아가는 외유내강外柔內剛의 자세를 추구하고 있다.

둘째, '일상의 언어를 따뜻한 온도의 언어로 빚어내는 경지'로 볼 수 있는 긍정과 달관達觀의 자세를 견지하고 있다. 좌고우면左顧右眄하지 않고 박학다식한 식견과 인생관을 구축하고 있다. 부드러운 마음으로 사물이나 현상을 품거나 비추어 진술한다. 송란교 시인은 '현대판 행복 전도사'로 명명해도 될 만큼 봄볕 같은 온도의 언어로 빚은 사랑의 산물들로 가득하다. '송란교 = 행복 전도사'의 등식이 성립될 수 있는 충분한 말의 꽃들이 이를 발화시키고 있다. 송란교 작가는 우리 사회가 첨단산업화될지라도 동요하지 않고 인류가 왜 위대한 존재인지 여부를 확인시켜 줄 수 있는 정신세계를 구가하고 있다. 송란교 작가는 따뜻한 언어로 세상과 소통할 수 있는 영혼의 메신저이다. 그래서 그의 문체 속에는 한겨울을 녹일 만큼 따뜻한 말의 온도가 내재하여 있다. 온기가 느껴질 만큼 푸른 희망의 봄이 함유되어 있다. 따뜻함은 부드러움과 연결된다. 부드러움은 강함을 극복한다. 태풍도 초연하게 견디는 담대함도 있다. 송란교 작가는 휴머니티를 근원적 배경으로 삼고 있으면서, 사람과 사람의 틈을 말의 미학으로 풀어내는 감동의 카타르시스Catharsis를 발현하고 있다.

송란교 작가는 내면세계를 표출시키는 말을 품격 있는 언어로 재인식한다. 「말을 예쁘게 할 수 있다는 것은 축복이다」를 통해 확인할 수 있다.

말은 축복을 나누는 도구이지 악담을 나누는 도구가 아닙니다. 말은 행복을 저축하는 데 사용해야지 불행을 부르는 데 사용하면 안 됩니다. 예쁜 말 예쁜 미소로 다른 사람에게 축복을 선물할 수 있는 당신은 위대한 사람입니다. 예쁜 말 예쁜 미소는 선물이고 축복이고 행복입니다. 다른 사람을 위해 축복하는 마음을 나누면 행복이 쌓이게 됩니다. 축복이 넘치면 행복은 저절로 따라옵니다. 축복의 말은 더 많이 나누고 악담의 말은 더 줄여 간다면, 우리는 참 좋은 이웃이 될 것입니다.

'축복'은 라틴어로 '베네딕투레benedicture'라고 합니다. '베네'는 '좋다'

는 말이고 '딕투레'는 '말하기'라는 뜻입니다. 즉 좋은 일을 널리 알리고 서로 확인한다는 의미입니다. 축복이라는 단어는 듣기만 해도 기분이 좋고 마음이 평온해집니다. 축복의 말을 듣는 사람은 정서적으로도 안정감을 느끼며 자존감도 높아집니다.

—「말을 예쁘게 할 수 있다는 것은 축복이다」 일부

'말 속에 축복이 깃들어 있다.'는 사실은 작가의 철학적 자기 인식에서 비롯된다. '말 속에 축복이 있다.'라는 인식은 한마디로 긍정형 삶의 발로임을 알 수 있다. 말이 축복된 삶과 연관성이 있음을 내포한다. 말이 인간관계와 삶의 의미에서 중요한 역할을 하고 있음은 재론의 여지가 없다. 이 둘은 단순히 언어적 표현을 넘어서, 인간의 마음과 상호작용, 그리고 삶의 태도를 형성하는 데 깊은 영향을 준다. 말은 단순한 의사소통의 도구를 넘어, 감정과 생각을 전달하고, 관계를 구축하는 중요한 역할을 한다. 말은 그 자체로 사람의 내면을 드러내며, 타인에게 영향을 미친다. 긍정적인 말은 타인에게 힘을 주고, 부정적인 말은 마음에 깊은 상처를 입힌다. 언어의 영향력이다. 말은 우리의 감정과 태도를 반영한다. 대화의 방식에 따라 관계의 질이 달라진다. 상호 존중과 배려가 담긴 말은 관계를 강화하고, 갈등을 해소하는 데 도움이 된다. 이처럼 말은 단순한 정보 전달을 넘어 사람과 사람 사이의 연결고리 역할, 신뢰의 고리로 작용한다. 축복은 타인을 위한 긍정적이고 희망적인 메시지이다. 축복의 말은 상대방의 삶에 좋은 일과 행운이 가득하길 바라는 마음의 시그널을 담고 있으며, 이는 사람에게 긍정적인 에너지를 전달하고, 삶의 방향을 제시하는 중요한 도구가 될 수 있다. 이에 따라, 말을 예쁘게 할 수 있다는 건, 긍정적이고 초월적 삶을 실천하고 있음

해설 : 말의 철학적 사유와 성찰로 빚어낸 행복의 완결판

을 보여주고 있다.
　작가는 칭찬을 통해 존재적 가치를 구가하고 있다. 「칭찬도 연습이 필요하다」에서 확인할 수 있다.

　　칭찬稱讚이란 좋은 점이나 착하고 훌륭한 일을 높이 평가하는 말이다. 아첨阿諂은 남의 환심을 사거나 잘 보이려고 알랑거림. 또는 그런 말이나 짓을 말하고, 아부阿附는 남의 비위를 맞추어 알랑거림을 이른다. / 우리는 어려서부터 누군가를 칭찬하고 좋은 점을 말해 주려 해도 상대가 아부나 아첨으로 받아들이면 어쩌나 하는 부정적인 생각이 앞서 예쁜 말이나 칭찬하는 말을 자주 하지 않게 된다. / 그런 분위기 속에서 성장하고 어른이 되니 다른 사람을 칭찬하는 것을 매우 어렵게 느낀다. 진실한 마음으로 좋은 점을 열심히 칭찬했는데 상대가 칭찬으로 받아들이지 않고 아부로 받아들인다면 낭패가 아닐 수 없다. / 이것은 다른 사람의 칭찬을 감사한 마음으로 받아들이는 데 익숙하지 않기 때문이며, 또한 다른 사람을 칭찬하는 데 어색함이 몸에 배어 있기 때문일 것이다. 어렵다고 생각하니 말이나 행동이 부자연스러울 수밖에 없다. / 어린이들은 말을 하면 액면 그대로 받아들이는데 어른이 되어 가면서 다른 사람의 말을 순수한 마음으로 받아들이지 않고 오해하거나 왜곡하려 한다. 말뜻을 비트는데 선수가 되어 간다. 사는 동안 누군가에게 속임 당하고 이용을 당한 경험들이 마음의 때로 두껍게 쌓인 결과일 것이다.

　　　　　　　　　　　　　　　　—「칭찬도 연습이 필요하다」 일부

　칭찬은 단순히 상대방을 칭찬하는 말 이상의 의미를 지닌다. 칭찬은 상대방의 성취를 인정하고 긍정적인 피드백을 제공하는 중요한 수단이다. 이는 사람의 정서적, 심리적 안정에 큰 영향을 미치며, 발전과 성취를 촉진하는 요소가 될 수 있다. 칭찬은 개인에게 동기를 부여하는 강력한 수사적 장치이다. 칭찬을 받을 때 사람은 자기가 잘하고 있다는 느낌을 얻고, 더 나은 결과를 내기 위해 노력한다. 칭찬은 자아 존중감을 증진한다. 자기가 잘하는 부분에 대해 인정받을 때, 사람은 스스로 능력에 대한 자신감을 형성하게 되며, 그로 인해 더 많은 도전과 성취를 이어간다. 긍정적인 피드백을 받으면, 상호 존중과 신뢰를 기반으로 한 관계를 강화하는 데 도움이 된다. 칭찬과 연습은 서로 긴밀하게 연결되어 있다. 칭찬은 연습의 과정에서 중요한 역할을 하며, 연습은 칭찬받을 자격을 갖추는 기반이 된다. 어머니가 자식에게 "열심히 노력하면 반드시 좋은 결과를 얻을 수 있는 능력을 갖출 수 있다."라고 반복해서 이야기하면, 그 자식은 노력의 과정을 선택하게 된다. 인용된 경우와 같이, 진실한 마음으로 좋은 점을 칭찬했는데 상대가 칭찬으로 받아들이지 않고 아부로 받아들일 수 있기에, 칭찬의 기술을 연마하고, 칭찬 샤워 능력을 키우는 게 무엇보다 중요하다. 상대방에게 어색하지 않은 칭찬을 할 수 있도록 평소 스피치커뮤니케이션 역량을 배양하는 연습이 필요하다.

작가는 존재적 자각을 위해 「맛있는 말」의 의미를 자주 설파한다.

『맛있는 말, 한입 잡숴 봐 U!』라는 책에는 우리가 늘 사용하는 말 중에서, 그래도 찰지고 감칠맛 나고 맛있다고 생각하는 말들이 모여 있다. 이 책을 읽다 보면 그냥 미소가 지어지고 마음이 포근해지고, '나도 이런 말 한마디는 할 줄 아는데.' 하는 자신감이 생길 것이다. 진실한 마음은 강한 믿음을 동반한다. 믿고 의지하는 사람이 곁에 있으면 무엇이 두려울까. /
내 입술을 통한 맛있는 말 한마디가 악의 그물에 걸린 수많은 사람의 마음을 행복의 바다로 인도할 것이다. / 가시 달린 말은 매운맛이 진하고 찔리면 아프다. 사랑 달린 말은 달콤한 맛이 강하고 서로 차지하려 한다. 말을 이쁘게 하는 사람은 마음도 이쁠 것이다. 다른 사람의 마음을 예쁘게 보려 하니, 말 또한 예쁘게 나올 것이다. 그러면, 이웃 간에 적이 없는 것은 당연하리라. / 80세를 훌쩍 넘긴 홀로 사시는 손윗동서가 시골에서 집을 새로 지으며, '자네 몫으로 방 한 칸 더 넣었으니 언제든지 와서 쉬어 가시게.' 하는 말을 듣는 손아랫동서의 마음은 어떠했을까? '마음이 예뻐야 여자'라는 유행가 가사도 있지만, 마음이 고우면 세상 모든 것이 좋게 보인다. 말은 마음을 드러내는 것이기에 마음이 고우면, 말은 필연적으로 곱게 나오게 되어 있다.

―「맛있는 말」 일부

말은 속마음을 표현하는 마음의 창이다. '진실한 말은 강한 믿음을 동반한다'는 작가의 말이 메아리가 되어 울린다. 인용된 '맛있는 말'이란, 듣는 이의 마음을 기쁘게 하고, 긍정적인 에너지를 전달하는 말을 의미한다. 이는 단순히 말을 잘하는 것을 넘어서, 사람의 감정에 긍정적인 영향을 미치고, 따뜻한 분위기를 조성하는 능력을 뜻한다. '맛있는 말'은 언어의 힘을 잘 활용하여 상대방을 배려하고, 존중하는 방식으로 표출된다. 아울러 '맛있는 말'은 음식을 맛있다고 표현할 때처럼, 사람에게 감동을 주고 기쁨을 전달하는 말이다. 이러한 말은 상대방의 기분을 좋게 만들고, 상대방에게 필요한 에너지나 위로를 줄 수 있다. 단순히 언어적인 미학에 그치지 않고, 그 말 속에 따뜻한 진심이 담겨 있을 때 '맛있는 말'로 여겨진다. '맛있는 말'은 진심을 담고 있다. 상대방에게 진심으로 전하는 말은 듣는 이에게 깊은 감동을 줄 수 있다. 또한 '맛있는 말'

은 긍정적인 영향을 주기 위해 긍정적인 언어를 사용한다. 상대방의 감정을 고려한 말은 '맛있는 말'로 분류될 수 있다. 말의 톤이나 말투 또한 중요한 역할을 한다. 부드럽고 친절한 말투는 상대방에게 긍정적인 에너지를 전달하며, 좋은 관계를 유지하는 데 도움을 준다. '맛있는 말'은 그 자체로 사람의 마음을 치유하고, 에너지를 북돋아 주는 역할을 한다. '맛있는 말'을 듣는 사람은 자아 존중감을 느끼고, 자신에 대해 긍정적인 평가를 할 수 있다. 칭찬이나 격려의 말은 상대방이 스스로 가치를 더 잘 인식하게 만들고, 그들의 자신감을 높인다.

작가는 성찰의 자세를 취한다. 「핸드폰 속에 갇힌 봄을 캐내자」에서 이를 확인할 수 있다.

> 네모난 액정 사이로 봄이 슬그머니 왔다 가나 보다. 모시 바지에 바람이 빠지는 것도, 덤불쑥이 들판을 온통 쑥대밭으로 만들고 있어도, 꽃 내음이 콧속을 들락거리다 아지랑이 타고 저 멀리 떠나가도 전혀 알아차리지 못하고 있다. 아름다운 선물을 주고자 대문 앞에 서성거리며 초인종을 수십 번 눌러도 꼼짝도 대답도 하지 않는다. 귀찮으니 문 앞에 그냥 놓고 가라는 듯 그저 핸드폰 모니터에 머리를 처박고 있을 뿐이다. / 귀한 선물도, 따뜻한 봄도 그렇게 떠나보내고 있다. 할머니 치맛자락에 실려 후다닥 지나가 버린다. 산 너머 바다 너머로…. / 너른 들판을 두고서 왜 굳이 손바닥보다 좁은 핸드폰 속에 봄을 가두고 있는가. 갈수록 작아지는 눈도 피곤하다고 불평불만이 많다. 쉬어야겠다고 눈을 감으면 눈곱이 덕지덕지 흘러내린다. 액정 속의 아름다운 요정이 아른거려 눈을 감아도 감은 게 아닌가 싶다.

―「핸드폰 속에 갇힌 봄을 캐내자」 일부

'핸드폰 속에 갇힌 봄을 캐낸다'라는 표현은 매우 시적이고 상징적인 의미를 내포하고 있다. 이 진술을 풀어 보면, 이는 우리가 일상에서 스마트폰을 통해 느낄 수 있는 작은 순간들, 즉 디지털 세계 속에 갇혀 있는 자연의 아름다움이나 기쁨을 다시 찾아내는 과정을 비유적으로 말하는 것이다. 현대 사회에서 우리는 스마트폰을 통해 많은 정보를 얻고, 소통하며, 심지어 휴식과 여가도 디지털 기기에서 찾는다. 하지만 그 안에서도 여전히 '봄'이라는 자연의 느낌을 느낄 수 있는 순간들이 존재한다. 예를 들어, 소셜 미디어에서 봄의 꽃이나 풍경을 보고, 친구나 가족과의 메시지를 통해 따뜻한 감정을 나누며 우리는 디지털 속에서 봄의 기운을 잠시나마 느낄 수 있다. 이는 마치 "핸드폰 속에 갇힌 봄"을 찾아내는 과정과 같다. 핸드폰 속에서 갇힌 봄을 캐내는 것은 단순히 자연을 소비하는 것을 넘어, 인간의 감정과 연결되는 부분이다. 스마트폰 속에서는 다양한 봄의 모습들이 사진이나 동영상으로 갇혀 있지만, 그 안에 담긴 감정과 경험들은 여전히 우리의 마음을 따뜻하게 할 수 있다.

이는 우리가 자연을 온전히 경험하지 않더라도, 디지털 기술을 통해 그 감동을 일부라도 공유하고 느낄 수 있다는 것을 의미한다. 핸드폰 속에 갇힌 봄은 마치 사진첩이나 영상 속에 저장된 추억처럼, 우리가 과거의 봄을 다시 떠올리게 하는 역할을 한다. 계절의 변화나 자연의 아름다움은 시간에 따라 변하지만, 디지털 기록을 통해 우리는 언제든지 그 봄의 순간을 되돌려 볼 수 있다.

이는 우리가 일상에서 잊고 있었던 감정이나 기억을 다시 일깨워 주는 중요한 방법이다. '핸드폰 속에 갇힌 봄을 캐낸다'는, 바쁘고 복잡한 현대 생활 속에서 우리가 디지털 기기를 통해 자연의 아름다움과 희망적인 순간을 되새기고, 그것이 우리가 살아가는 데 필요한 감정적 에너지를 다시 채우는 과정을 상징적으로 표현한 말이다. 이는 결국, 기술과 자연, 그리고 인간의 감정이 서로 엮여 있음을 깨닫고, 그 사이에서 우리는 여전히 봄을 느낄 수 있다는 메시지를 전달하는 진술이다.

작가는 자신의 가치를 「나를 귀하게 만드는 말」을 통해 구가하고 있다.

'귀한 말 귀한 생각'이 나를 귀하게 만든다. '천한 말 천한 생각'은 나를 천하게 만든다. 다른 사람들에게 귀한 대접을 받거나 천한 대접을 받는 것도 자신이 어떤 말을 하느냐에 달려 있다. 상대를 귀하게 생각하고 높여 말하면 나도 귀한 사람이 된다. / 상대를 낮추면 당연히 상대도 나를 낮추어 볼 것이다. 그러므로 나를 귀하게 만들고 싶다면 상대를 귀하게 잘 대접하자. 내가 하는 말과 행동이 귀하면 다른 사람도 그렇게 따라 한다는 사실을 명심하자. / 내가 별이 되어 빛나는 순간은 언제일까? 내가 환하게 웃고 있을 때, 가장 아름답고 가장 밝은 빛을 낸다. 밤하늘의 별은 어둠이라는 뒷배경이 필요하지만, 사람별은 아름다운 생각과 아름다운 말이 쌓여서 더 밝게 빛을 낸다. 때 묻지 않은 마음으로 빛나면 시야를 가리는 방해꾼이 없으므로 다른 사람의 눈에 더 밝게 더 크게 보일 수 있다.

—「나를 귀하게 만드는 말」 일부

'귀한 말'과 '귀한 생각'은 인간관계와 개인의 내면세계에서 매우 중요한 역할을 한다. 이는 단순히 외적인 가치가 아니라, 사람의 삶과 관계에 깊은 영향을 미치는 내적 가치를 지닌 요소들이다. '귀한 말'과 '귀한 생각'은 모두 사람의 성품과 지혜를 반영하며, 그 사용과 실천은 우리를 더 나은 방향으로 이끌어줄 수 있다. '귀한 말'은 단순히 언어적 표현을 넘어, 그 말이 담고 있는 의미와 감정, 그리고 그것이 전달하는 가치에 의해 결정된다. '귀한 말'은 상대방에게 깊은 영향을 미칠 수 있으며, 그 말이 가진 힘은 사람의 마음을 울리고, 변화를 일으킬 수도 있다. '귀한 말'은 언제나 정직하고 진심을 담고 있다. 상대방에게 위로가 필요할 때, 진심 어린 말 한마디는 그 사람에게 큰 힘이 된다. '귀한 말'은 격려와 응원을 통해 사람의 삶에 긍정적인 영향을 미친다. "당신이라면 할 수 있어"라는 말은 상대방에게 도전할 용기와 신뢰를 부여하며, 그 사람을 더욱 강한 존재로 만든다.

'귀한 말'은 상대방을 배려하고 존중하는 표현을 통해 사람들의 관계를 돈독하게 만든다. '귀한 생각'은 사람의 내면에서 비롯되는 가치 있는 사고방식이다. 이는 자신뿐만 아니라 다른 사람들과의 관계에도 영향을 미치며, 사회적, 윤리적인 측면에서 중요한 역할을 한다. '귀한 생각'은 다른 사람 입장에서 세상을 바라보는 관점이다. '다른 사람은 어떻게 느낄까?'라는 생각은 그 사람의 감정을 존중하고 이해하는 데 중요한 기초가 된다. 이러한 생각은 사람들 간의 갈등을 줄이고, 더 나은 관계를 형성하는 데 기여한다. '귀한 생각'은 낙관적이고 긍정적인 태도를 가지고 있으며, 어려운 상황에서도 희망을 잃지 않는 정신을 의미한다.

"위기는 곧 기회다."라는 생각은 그 사람이 삶의 어려움을 극복할 수 있는 원동력이 된다. '귀한 생각'은 깊은 성찰을 통해 세상을 바라보고, 사람들과의 관계에서 더 바람직한 선택을 하는 데 도움을 준다. 즉, '귀한 생각'은 '귀한 말'을 만들어 내며, '귀한 말'은 '귀한 생각'을 실현하는 도구가 됨을 송란교 작가는 일갈하고 있다.

'귀한 말'과 '귀한 생각'은 사람의 내면과 외면에서 서로 긴밀하게 연결되어 있으며, 사람 간의 관계를 형성하고, 개인의 성장과 사회적 조화를 이루는 데 중요한 역할을 한다. '귀한 말'은 타인을 위로하고 격려하며, 긍정적인 영향을 미치고, '귀한 생각'은 사람들의 사고의 폭을 넓히고, 성찰을 통해 더 나은 결정을 내리게 돕는다. 이 둘은 서로 보완적이며, 함께 운용될 때 사람의 삶과 사회를 더욱 풍요롭고 따뜻하게 만든다.

2. 사랑의 말은 행복을 촉진하는 자양분이며, 인생을 풍요롭게 만든다.

배려와 존중이 담긴 말은 사람의 마음을 따뜻하게 하고, 그 사람의 삶에 깊은 영향을 미친다. 더 나아가 사랑을 담아 전하는 말은 단순한 언어를 넘어서, 행복을 촉진하고 인생을 풍요롭게 만드는 강력한 힘을 지니고 있다. '사랑의 말'은 타인과의 관계를 강화하고, 개인의 삶을 긍정적으로 변화시키는 중요한 요소다. 사람의 마음에 긍정적인 영향을 미쳐 행복을 증진한다. 말에는 감정과 에너지가 담겨 있다. 말은 상대방의 감정에 깊은 영향을 주고, 그들의 삶에 큰 기쁨과 만족감을 가져다준다. 상대방에게 안정감을 주고, 그들이 사랑받고 있다는 느낌을 공감한다. 언제나 긍정적인 에너지를 전달한다. 단순히 감정을 표현하는 것을 넘어, 인생의 풍요로움과 깊이를 더하는 역할을 한다. 진심에서 우러나오는 사랑의 말은 사람 간의 관계를 더욱 돈독히 만들고, 삶의 질을 향상한다. 사랑이 담긴 말은 사람에게 마음의 평화를 가져다주고, 스트레스를 줄이는 데 도움을 준다. "당신을 사랑해."라는 간단한 말은 긴장을 풀어 주고, 상대방이 마음의 안정을 찾게 만든다. 이는 사람의 정신건강에 긍정적인 영향을 미치며, 더 행복한 삶을 살게 한다.

해설 : 말의 철학적 사유와 성찰로 빚어낸 행복의 완결판

인생은 여행이다. 인생은 여행이라는 표현은 매우 깊은 의미를 지닌 철학적 관점으로, 우리의 삶이 단순히 목표에 도달하는 여정이 아니라, 그 과정에서 겪는 경험과 성장의 의미가 중요하다. 인생을 여행에 비유하는 것은 우리가 어떤 목적지를 향해 나아가는 동안 겪게 되는 다양한 감정, 도전, 만남, 배움 등을 인정하고, 그 모든 순간마다 말의 가치 구현을 통해 인생을 더욱 풍요롭고 의미 있게 만들어야 함을 송란교 작가는 어필하고 있다.

송란교 작가는 2000년 전 로마 공화정의 개선식에서 비롯된 카르페 디엠carpe diem(현재에 충실하라.)과 아모르 파티Amor fati(운명을 사랑하라.)의 명언과 걸맞은 철학적 가치를 추구한다. '오늘에 충실하고, 운명을 사랑하라'는 문장은 독자의 마음을 사로잡기에 충분하다. '현재에 충실하라'의 뜻은 현재를 뜻 깊게 살아야 한다는 의미다. '운명을 사랑하라'의 뜻은 인간이 갖춰야 할 소양이 되는 태도다.

인생은 끊임없는 여정이다. 여행처럼, 인생도 항상 예측할 수 없는 변화와 도전이 가득하고, 그 여정에서 새로운 목적지와 목표를 찾아 배우고 성장한다. 송란교 작가는 '사랑의 말'을 성장의 도구로 여기고 있다. 그 여정에서 우리는 새로운 문화, 사람들, 풍경을 경험하고, 그 과정에서 변화와 성장을 겪는다. 마찬가지로 인생에서도 끊임없이 변화하며 자신을 발전시켜 나간다. 내가 겪는 어려움과 성공은 나를 더 나은 사람으로 만든다. '사랑의 말' 속에는 말의 힘, 말의 꽃, 해어화解語花 등 다양한 빛깔의 특성도 가지고 있다.

말은 책임이 뒤따른다. 책임이 수반되지 않은 말은 역습의 빌미를 제공한다. 공직에 있는 사람에게 말은 곧 신뢰의 표본이 된다. 「말은 힘이 세다」에서 이를 확인할 수 있다.

말이 힘을 가지고 있는 만큼 말을 잘 다스려야 한다. '웃자고 하는 말에 초상 치른다.', '센 입심이 화를 부른다.', '입 살이 보살'이라는 옛말도 있다. 입으로 저주를 하면 그 사람의 운명도 기울어져서 결국에는 소리대로 간다. 화는 입을 통해 들어오고 병균도 입을 통해 들어온다. 혀를 다스리는 3가지 방어막이 있다. 첫째는 '이齒'이고, 둘째는 '입술'이고 셋째는 '손바닥'이 있다. 이 얼마나 다행스러운 일인가. / 말은 화禍만 부르는 것이 아니다. 복을 불러오기도 하고 성공의 기운을 불러오기도 한다. 말은 그 자체로 이끄는 힘이 있고 이루려는 힘이 있고 주술적인 힘이 있기 때문이다. 내뱉은 말은 살아 숨 쉬는 인격 그 자체다. 할 수 없는 말, 거짓말을 쏟아 내면 자신의 인격을 스스로 망가뜨리는 것이다.

―「말言은 힘이 세다」일부

'말은 힘을 가지고 있다'는 진술은 언어의 깊은 영향력과 사람 간의 상호작용에서 발생하는 변화의 힘을 강조하는 것이다. 말은 단순한 의사소통의 도구를 넘어서, 감정과 생각을 전달하고, 사람들의 행동과 마음을 움직이며, 때로는 세상을 변화시키는 힘을 발휘한다. 말이 가진 힘은 긍정적이거나 부정적일 수 있으며, 이를 어떻게 사용하느냐에 따라 우리의 삶과 사회에 큰 영향을 미칠 수 있다. 말은 감정을 전달하고 변화를 일으킨다. 말은 감정의 전달자로서, 사람의 기분이나 마음 상태를 변화시킬 힘을 가지고 있다. 우리가 사용하는 말 한마디가 다른 사람에게 위로가 될 수도 있고, 상처를 줄 수도 있다. 명언이나 격려의 말은 사람들에게 큰 동기를 부여하고, 더 발전적인 삶을 향한 행동을 촉진한다. 말은 사람들 간의 관계를 형성하고, 때로는 관계를 회복하거나, 깨뜨리는 역할을 한다.

해설 : 말의 철학적 사유와 성찰로 빚어낸 행복의 완결판

즉, 말은 긍정적이고 건설적인 결과를 가져올 수 있지만, 부정적인 영향도 미칠 수 있다. 개인 간의 관계뿐 아니라, 사회와 문화에도 깊은 영향력을 미친다. 언어는 군중의 생각을 형성하고, 사회적 규범과 가치를 전달하는 주요한 수단이다. 말은 감정을 전달하고, 사람들에게 동기를 부여하며, 사회적, 문화적 변화를 끌어낸다. 긍정적인 말은 행복과 희망을 전달하지만, 부정적인 말은 고통과 갈등을 초래할 수 있다. 그러므로 말의 힘을 잘 이해하고 신중하게 사용하는 것이 중요하다. 말은 우리가 세상을 바라보는 시각을 변화시키고, 그 자체로 사람들의 삶에 깊은 영향을 미치는 중요한 도구다. 말은 단순한 의사소통 수단이 아니라, 사람의 마음과 행동을 변화시키고, 관계를 형성하며, 사회를 변화시키는 강력한 힘을 가지고 있기에 송란교 작가는 이를 설파하고 있다.

간혹 주변에서, 좋은 환경의 명당을 찾아 자신에게 유리한 기회를 얻으려는 반면, 명당을 만드는 사람은 자신이 원하는 환경을 만들어 나가는 사람들임을 알 수 있다. 「명당을 찾는 사람, 명당을 만드는 사람」에서 이를 확인할 수 있다.

명당을 찾는 사람, 명당을 만드는 사람은 분명 마음이 다르다. 명당에서 상서로운 기운이 발복하여야만 씨알 굵은 인물이 나오는 것일까? 복을 짓는 인물이 명당을 만드는 것일까? 명당에 터 잡았다고, 그것 믿고 까불면 명당의 기운은 소리 소문 없이 떠난다. 우리가 찾는 명당은 멀리에 있지 않다. 집 가까이에 있다. 그것도 내 몸 안에 있음이다. / 명당은 풍수지리에서 말하는 좋은 묏자리나 집터를 말한다. 명당이라는 자리에 묘를 쓰면 후손이 부귀영화를 누리게 된다고 하며, 지리적, 환경적으로도 길지吉地를 일컫는 말이다. 명당은 발복發福과 깊은 관련이 있다. 사람이기에 복 받음을 모두 좋아한다. 복을 더 차지하고 싶어서 밤낮없이 찾아 헤맨다.

—「명당을 찾는 사람, 명당을 만드는 사람」 일부

　명당을 찾는 사람과 명당을 만드는 사람은 각각 다른 접근 방식과 관점을 가진 사람들을 의미한다. 이 두 가지 유형은 각각 인생에서의 위치와 상황을 어떻게 바라보는지에 따라 삶의 태도와 행동이 다르다. 명당이란 '좋은 묏자리'와 '좋은 집터', '유리한 상황'을 의미하며, 이를 찾는 사람과 만드는 사람은 각기 다른 방식으로 삶을 살아가고, 세상을 다루는 방식이 차이를 보인다. 명당을 찾는 사람은 유리한 환경이나 조건을 찾아내는 데 집중하는 존재다. 이들은 이미 주어진 상황 속에서 자신에게 가장 적합하고, 성공적인 결과를 가져올 수 있는 위치를 찾으려는 노력을 기울인다. 주로 현실적인 관점에서 자신의 목적을 이루기 위해 가장 좋은 환경을 추구한다.
　반면, 명당을 만드는 사람은 단순히 주어진 환경에 의존하지 않고, 자신이 원하는 조건을 스스로 만들어 나가는 존재다. 이들은 주어진 상황을 바꾸거나 자신만의 유리한 위치를 창조해 내는 데 집중한다. 명당을 만드는 사람은 적극적이고 창의적인 태도를 가지고 있으며, 환경을 변화시키거나 자신을 그것에 맞게 변화시키는 데 능숙하다. 인생에서 명당을 찾는 것과 명당을 만드는 것은 상호 보완적일 수 있다. 상황에 따라 좋은 기회를 찾아 그 안에서 자신을 성장시키는 것이 중요할 수 있으며, 또 스스로 주도적인 역할을 하여 새로운 기회를 만들어 가는 것이 필요할 수 있다. 전자는 주어진 상황에서 기회를 찾아 성공을 이루려는 존재이고, 후자는 환경을 변화시키거나 자신의 길을 개척하는 존재이다. 두 방식이 균형을 이루며 서로 보완될 때, 더 풍요롭고 의

해설: 말의 철학적 사유와 성찰로 빚어낸 행복의 완결판

미 있는 삶을 살아갈 수 있다. 작가는 인용된 작품을 통해, 때로는 환경을 찾고, 때로는 그 환경을 스스로 만드는 능력을 기르는 것이 중요함을 강조한다.

작가는 뜨거운 가슴으로 행복의 가치를 진단한다. 「오늘은 내가 제일 행복한 사람이야」에서 이를 확인할 수 있다.

황금보다 소중한 것이 지금이다. 지금 즉시 행동하지 않으면 행복이 다 가오겠는가? 행운이 따라오겠는가? 그렇다면 지금 당장 '나는 행복하다.' '행운이 내게로 오고 있다.'라고 외치자. 배고프다고 울지 않는 아이에게 젖을 물릴 리 없고, 아프다고 말하지 않으면 어디가 아픈지 알 길이 없다. 보고 싶은 사람이 있다면 생각만 하지 말고 지금 당장 찾아가서 만나라. / 오늘은 선물이다. 선물을 받으면 대부분의 사람들은 행복해한다. 포장지 안의 내용물은 그다음 문제다. 무엇이 들어있는지는 포장지를 풀어 보아야 알 수 있다. 내가 원하는 물건이 들어있으면, 내가 그토록 갖고 싶어 했던 물건이라면 나도 모르게 박수를 치며 환호성을 지른다. 그러면서 선물을 보내 준 사람을 아주 좋은 사람이라고 생각한다.

— 「오늘은 내가 제일 행복한 사람이야!」 일부

오늘은 선물이라는 말은 시간을 소중히 여기고 현재를 살아가는 중요한 메시지를 담고 있다. 오늘이라는 하루는 우리가 얻을 수 있는 가장 큰 선물이며, 그것을 어떻게 살아가느냐에 따라 우리의 삶이 달라질 수 있다. 이 말은 우리가 일상에서 놓치기 쉬운 소중한 순간을 되돌아보고, 감사의 마음을 갖자는 의미를 내포하고 있다. 현재(지금)의 중요성을 말하고 있는 셈이다. 오늘이라는 하루는 반복되지 않으며, 이미 지나간 시간을 되돌릴 수 없다. 오늘을 소중히 여기는 것은 우리의 삶에 의미를 부여하고, 현재(지금)를 충실히 살아가게 한다. 오늘은 소중한 기회의 순간이다. 오늘이라는 선물은 우리가 꿈꾸는 것을 실현할 기회이다. 오늘을 어떻게 살아가느냐에 따라 내일이 달라질 수 있음을 기억하는 것은 중요한 삶의 자세다.

가령, 불치병으로 투병하고 있는 이가 오늘이라는 하루를 맞이하는 순간, 그 자체로 감사할 수 있다. 아침에 일어나서 숨을 쉴 수 있다는 사실, 가족과 친구와 함께 시간을 보낼 수 있다는 사실, 일을 할 수 있는 기회가 주어졌다는 사실 등, 모든 것이 선물임을 깨닫게 된다면 삶의 행복도 크게 달라질 것이다. "오늘은 내가 제일 행복한 사람이야!"라는 말은 시간을 소중히 여기는 삶의 철학을 담고 있다. 우리가 살아가는 하루하루가 선물이며, 그 선물을 어떻게 사용할지에 따라 우리의 삶은 달라질 수 있다. 오늘을 감사하며, 오늘이라는 하루에 최선을 다하고, 매 순간을 소중히 여기는 태도가 중요하다. 송란교 작가는 오늘을 통해 내일을 변화시키고, 미래를 만들어 가는 삶을 살자는 황금 메시지를 전하는 것이다.

작가는 윤슬길을 걸으면서, 누군가에게 「행복하기 위해 웃는 너, 그래서 더 예쁘다」는 메시지를 전한다.

'덕분에 행복한 사람'이란 말을 자주 들을 수 있다면 얼마나 좋을까. 다른 사람이 흘린 부스러기를 먹고 사는 것이 우리네 인생 아니던가? 핸드폰에 코를 박고 길을 건너다 다가오는 사람과 부딪히면 누가 잘못했을까? 들이박고서 상대가 피하지 않았다고 화를 낼 것인가? / 백미러만 보고 운전할 수 없고, 뒤따라오는 너만 바라보며 달릴 수는 없는 것 아닌가. 우산이 없다고 핸드폰으로 비를 막으려는 거친 오만은 부리지 말자. / 꽃비와

해설: 말의 철학적 사유와 성찰로 빚어낸 행복의 완결판

단비 사이에 걸터앉아 가기 싫어 서성거리는 여름을 보낸다. 주저주저 주춤거리는 가을을 향해 어서 오라 손짓을 한다. 시절 인연은 그렇게 앞서거니 뒤서거니 하면서 서로 뒤바뀌고 있다. 바람결에 흐느적거리는 꽃들도 푸르게 물들었던 들판도 이제는 황금빛으로 바뀐다. / 너와 나의 발길은 다르다. 어느 곳을 지나왔는가에 따라 여름내 흘린 땀의 양에 따라 신발의 닳아진 모양도 모두 다르다. 다름은 그렇게 일상으로 다가오는 것이리라.

―「행복하기 위해 웃는 너, 그래서 더 예쁘다」 일부

웃음은 단순히 표정을 의미하는 것이 아니라, 내면의 긍정적인 에너지와 삶에 대한 사랑을 표현하는 행위다. 작가는 '웃음을 통해 행복을 찾는 사람은 아름답다'라고 진술한다. 행복을 만들어 내는 웃음은 한계상황을 극복하고 있는 초월적인 웃음이다. 웃음은 그 사람의 마음의 상태를 비추는 거울이다. 행복하게 웃는 사람은 그 자체로 사랑스러워 보이고, 다른 사람들에게도 긍정적이고 선한 영향력을 미친다. 행복한 사람은 다른 사람들을 긍정적으로 변화시키는 힘을 가진다. 이는 단순히 외모의 아름다움이 아니라, 그 사람의 내면에서 나오는 매력과 에너지가 빛나는 순간이다. 행복은 외적인 상황이나 조건에 의해 좌우되기보다는, 우리 내면에서 만들어진다. 웃는 사람은 그 자체로 행복을 느끼며, 그 행복을 외부로 전달하는 역할을 한다. '행복하기 위해 웃는다'는 말은 '웃음이 행복을 창출할 수 있는 능력을 갖춘다'라는 의미를 지닌다.

더불어 행복이란 선택의 순간임을 상기시킨다. 우리가 웃기로 결심하면, 그 순간부터 우리는 행복을 느낄 수 있는 마음의 준비가 된 것이다.

웃음은 외부의 상황에 의존하지 않고, 우리가 선택적으로 할 수 있는 행위다. 이를 통해 우리는 자기 자신을 더 긍정적이고 행복한 상태로 바꿀 수 있다. '웃음이 먼저 일어나면 그 뒤에 행복이 따르게 된다'는 순리 또한 시사하고 있다. 웃는 사람은 자연스럽게 사람들의 시선과 마음을 끌어당긴다. 웃음은 우리의 외모와 관계없이 그 사람의 내면을 드러내는 강력한 표현 중 하나다. '그래서 더 예쁘다'는 부분은 웃음이 단순히 외적인 미를 넘어, 사람의 존재 자체에 대한 아름다움을 증가시키고 있다는 메시지를 송란교 작가가 전하고 있다.

작가는 '말의 꽃'을 상상한다. 「해어화解語花 한 송이로 아침을 열다」에서 확인할 수 있다.

> '예쁜 말 경험을 쌓아라.', '말을 끊으면 관계도 끊어진다.', '단 한 줄로 전달력을 높여라.' '평범한 표현이 비범한 울림을 가져온다.', '넘치는 감동은 평범함에서 온다.' 연한 표현과 진한 감동, 강한 표현과 약한 동감. 천방지축 아이들의 붙임성과 까탈스러운 어른들의 조심성. 언어의 그물망. 하늘이 온통 해어화解語花 향기로 물든다면…. 등등. / 이런 잡다한 생각과, '당신이 필요해서 사랑한다는 것은 미숙한 사랑이며, 사랑하니까 당신이 필요하다는 것은 성숙한 사랑이다.'(윈스턴 처칠)라는 말의 의미를 되새김하면서 차 한 잔으로 어지러운 머릿속을 정리했다.…(중략)…이른 아침에 '해어지화解語之花'(나의 말을 이해하는 꽃)를 생각하면서, '이해는 가까이 오해는 멀리'하는 하루가 되기를 꿈꾸어 본다.
>
> ―「해어화解語花 한 송이로 아침을 열다」 일부

'해어화解語花 한 송이로 아침의 여는 순간'은 아름다운 순간으로 볼 수 있다. 새로운 하루의 시작을 상징하는 깊은 의미를 지닌다. 여기서 '해어화'는 '해가 떠오르는 순간'을 연상시키며, '아침을 열다'는 말은 새로운 시작을 알리는 의미를 담고 있다. 원래 해어화는 '말을 이해하는 꽃', '말을 할 줄 아는 꽃'이란 뜻이 있다. 기생 또는 예인을 상징적으로 표현한 말이다. 이 꽃은 사람의 마음을 열고 대화와 이해를 가능하게 하는 신비로운 존재를 뜻한다.

즉, '해어화'는 단순히 아침에 피는 꽃을 넘어서, 새로운 날이 주는 가능성과 희망을 나타낸다. 작가는 '이해는 가까이, 오해는 멀리' 는 진술을 통해 인간관계에서의 중요한 원칙을 발아시키고 있다. '이해'는 인간관계에서 중요한 요소 중 하나다. 누군가를 이해한다는 것은 단순히 그 사람의 말을 듣는 것이 아니라, 그 사람의 입장에서 생각하고, 감정과 상황을 공감하려는 노력을 기울이는 것이다. '이해'는 상대방을 받아들이고, 그 사람의 세계를 공유하려는 마음에서 비롯된다. 진정한 소통이 가능하고, 신뢰를 쌓는 기반이 된다. 반대로, '오해'는 관계를 어렵게 만들고, 갈등을 초래하는 원인이 된다. 서로의 의도나 감정을 잘못 해석하거나, 상대방의 말을 왜곡하는 데서 비롯된다. '오해'가 쌓이면, 그것은 결국 두 사람 사이의 거리를 멀어지게 만들고, 관계를 위태롭게 한다. '이해'는 관계를 돈독하게 만들고, '오해'는 그 관계를 멀어지게 만든다. 따라서 상대방을 이해하려는 노력과 소통이 관계의 질을 높이며, 오해를 피하려는 태도가 갈등을 줄이고 서로를 더욱 가까운 사이로 만든다. 송란교 작가는 우리가 서로를 이해하려는 노력은 관계를 가까워지게 하고, 오해는 그 관계를 멀어지게 만든다는 메시지를 담고 있다.

"송란교 작가가 지상에 발표한 작품집 『말═꽃이 그리웁다』는 인문학의 완결판이다. 금선탈각金蟬脫殼의 시각으로 세상을 바라보며, 본질을 사유하는 말의 여행이다. 매미의 생애를 볼 때, 최고의 하이라이트는 애벌레가 성충이 되어, 금빛 날개를 가진 매미로, 화려한 변신을 하는 것이다. 이를 일명 금선탈각이라 한다. 『말➡ 꽃이 그리웁다』는 금선탈각의 전형이다."

송란교 작가의 작품집 『말➡ 꽃이 그리웁다』는 휴머니티와 따뜻함으로 세상을 품고 생각하는 힘을 길러 주는 말의 아이콘이다. 말의 철학적 사유와 성찰로 빚어낸 행복의 완결판을 세상에 선보이고 있다. 말의 가치를 우리 사회 속에 꽃피우고 있다. 따뜻함은 얼음을 녹여 주는 근원이다. 송란교의 따뜻한 언어는 말의 향기를 분출시키고, 부드러움으로 날카로움을 초월하게 만드는 미학적 기능을 구사하고 있다. 송란교 작가는 말의 달인이고, 글의 달인이며, 인생의 달인이다.

문학세계대표작가선 1038

말글 꽃이 그리웁다

송란교 지음

인쇄 1판 1쇄 2025년 1월 3일
발행 1판 1쇄 2025년 1월 10일

지 은 이 : 송란교
펴 낸 이 : 김천우
펴 낸 곳 : 문학세계 출판부 / 도서출판 천우
등   록 : 1992. 2. 15. 제1-1307호
주   소 : 서울시 광진구 구의강변로 85 강우빌딩 7F
전   화 : 02)2298-7661
팩   스 : 02)2298-7665
http://cafe.naver.com/chunwu777
E-mail : cw7661@naver.com

ⓒ 송란교, 2025.

값 20,000원

＊도서출판 천우와 저자의 서면 동의 없는 무단 전재 및 복제를 금합니다.
＊저자와의 협의에 따라 인지는 생략합니다.
＊이 도서는 2024년 문화체육관광부의 '중소출판사 도약부문 제작 지원'
  사업의 지원을 받아 제작되었습니다.

ISBN 978-89-7954-947-8